GÉNÉRAL BRUNEAU

Récits de Guerre

HISTOIRE D'UNE COMPAGNIE DE ZOUAVES
PENDANT LA GUERRE DE 1870

DEUXIÈME ÉDITION

PARIS
CALMANN-LÉVY, ÉDITEURS
3, RUE AUBER, 3

2648

RÉCITS DE GUERRE

Droits de reproduction et de traduction réservés
pour tous les pays.

Copyright 1911, by Général Bruneau.

GÉNÉRAL BRUNEAU

RÉCITS DE GUERRE

HISTOIRE D'UNE COMPAGNIE DE ZOUAVES

PENDANT LA GUERRE DE 1870

(ARMÉE DE LA LOIRE ET ARMÉE DE L'EST)

PARIS

CALMANN-LÉVY, ÉDITEURS

3, RUE AUBER, 3

A la mémoire de mes soldats

morts pour la Patrie !

RÉCITS DE GUERRE

I

LE 4 SEPTEMBRE 1870 A KOLEA

Le café du Sahel, que fréquentaient à Kolea les officiers du dépôt du 1ᵉʳ zouaves, avant la guerre de 1870, était situé à l'angle de deux rues, dont l'une conduisait au quartier, et l'autre descendait en pente abrupte à la mosquée de Sidi Embareck.

Le minaret hexagonal, orné de faïences multicolores et décoré de fines arabesques, profilait son élégante silhouette au-dessous de la masse sombre des ifs et des caroubiers.

Plus bas, serpentaient les allées d'orangers et de citronniers qui font un lieu de délices de ce « Jardin des Zouaves », don royal de l'illustre Lamoricière aux « premiers soldats du monde ».

Au delà de la cime des arbres, par la trouée de l'Ang Djemel, on découvrait la plaine de la Mitidja, toute dorée par les rayons du soleil et mouchetée, çà et là, des taches de bronze des plantations d'eucalyptus. Elle déroulait ses riches cultures jusqu'aux montagnes lointaines, telle une immense peau de léopard jetée aux pieds de l'Atlas, qui, là-haut, par-dessus les brumes violettes, découpait en indigo pâle sur l'azur éclatant du ciel ses crêtes assombries de la verdure des cèdres, et étendait les plis majestueux de son manteau de forêts jusqu'aux maisons blanches de Blida, la ville des roses.

Il était environ cinq heures. Sur le pas de la porte, quelques officiers, le sabre au côté, et les chaussures couvertes de poussière, causaient à demi-voix, d'un air soucieux, en rentrant de l'exercice. Des sous-lieutenants, récemment sortis de Saint-Cyr, écoutaient avec déférence les vieux serviteurs que leurs blessures ou leur état de fatigue avaient fait maintenir au dépôt, après le départ du régiment pour l'armée du Rhin, et qui étaient en train de commenter tristement les événements.

Depuis un mois, les sinistres nouvelles s'étaient succédées sans interruption : le 6 août, Frœschviller, puis la lamentable retraite sur Châlons, enfin, le 1ᵉʳ septembre, la catastrophe : Sedan ! La moitié du régiment était restée sur les champs de bataille : l'autre s'acheminait lentement vers les prisons de l'ennemi !

Et pendant ce temps d'innombrables engagés volontaires affluaient à Koléa, où rien n'avait été préparé pour les équiper et les instruire, tant était grande, au début de la guerre, la confiance dans le succès de nos armes.

Cette foule qui comptait, à ce moment, huit mille hommes (le 1ᵉʳ zouaves en reçut tout près de douze mille) se composait d'une majorité provenant de l'élite de la société et des classes laborieuses du pays : ingénieurs, professeurs, magistrats, artistes, commerçants, industriels, ouvriers et agriculteurs, qu'avait séduits l'idée de servir dans un corps d'élite.

Par contre, la minorité était formée de gens sans aveu, rebut de la population des grandes villes, engagés par les municipalités sans constatation de leur état civil, qui avaient espéré se soustraire par un lointain voyage aux dangers de l'invasion et escompté que la paix serait faite avant qu'on pût les diriger sur le théâtre des opérations.

Toute cette multitude disparate de costumes et d'allures était logée, partie dans le quartier des zouaves à quelques centaines de mètres de la petite ville, partie sous de grandes tentes installées dans la cour de la caserne.

Pour organiser et instruire cette cohue où l'homme en blouse et en casquette coudoyait le fils de famille en vêtement noir et en chapeau, le major ne disposait, en dehors des officiers, que d'un petit nombre de sergents invalides et d'une cinquantaine de vieux zouaves en instance de retraite.

La situation s'aggravait manifestement et on sentait, à certains indices, que cette foule hétérogène était sourdement travaillée par des meneurs qui exploitaient habilement les désastres de l'armée régulière.

Ce jour-là, des nouvelles inquiétantes circulaient en ville depuis l'arrivée de la diligence d'Alger, et quand le commandant pénétra à son tour dans le café du Sahel, il fut aussitôt entouré par ses officiers, auxquels sa préoccupation n'avait pas échappé.

— Lieutenant L....., dit-il, s'adressant à l'officier de semaine, vous allez vous rendre immédiatement au quartier. Vous réunirez dans le pavillon des officiers tous les sous-officiers et les anciens zouaves du détachement, et vous leur ferez distribuer six paquets de cartouches. Vous placerez ensuite un poste à la poudrière et vous vous tiendrez prêt à tout événement. — Puis, se tournant vers nous. — Messieurs, tenez-vous ici à ma disposition, car je crains des événements graves à bref délai. On parle de révolution à Paris, et même, il n'y a qu'un instant, en venant ici, j'ai aperçu un homme qui sortait du bureau télégraphique et courait, avec de grands gestes, vers le camp !

Il n'avait pas fini de parler qu'une étrange rumeur parvint à nos oreilles. On eût dit comme le grondement lointain de la mer, mêlé à la sourde trépidation d'une multitude en marche ; le son devint plus distinct, puis, de même que le fracas du tonnerre surmonte les clameurs de la tempête, un hurlement, poussé par des milliers de poitrines humaines, domina les bruits confus de la foule et soudain, au tournant de la rue, un cri formidable déchira l'air :

— Vive la République, à bas les capitulards !

D'un bond, nous fûmes sur le pas de la porte ; et ce que nous vîmes nous frappa de stupeur. Uue marée humaine déferlait en vagues profondes du camp jusqu'à la ville.

La colonne des manifestants se tenant par les bras marchait sur un front de douze, renversant tous les obstacles, et comme emportée dans le sillage d'une chemise rouge, que brandissait au bout d'une perche, une sorte d'hercule nu jusqu'à la ceinture.

Le major s'élança à leur rencontre, mais ses sommations furent étouffées sous un nouveau cri de « A bas les capitulards! » et il fut balayé comme un fétu de paille, ainsi que les officiers qui s'étaient portés à son secours; puis la masse, grondant, chantant et hurlant, s'engouffra dans la rue qui monte à la ville haute, tandis que la rage au cœur, sous les insultes et les quolibets des révoltés, nous regardions l'horrible défilé. Enfin, après un temps qui nous parut interminable, nous pûmes sortir de notre abri; mais en arrivant à l'entrée de l'avenue qui mène au quartier, nous trouvâmes toutes les issues barrées par des groupes menaçants qui s'opposèrent à notre passage.

Impossible de communiquer avec la poignée de vieux braves qui, ainsi que nous le sûmes plus tard, n'avaient pu être réunis en temps utile par le lieutenant L....., obligé de faire un long détour pour éviter les émeutiers. Force nous fut de revenir au café du Sahel où des habitants affolés venaient, à chaque instant, implorer notre secours.

Des boutiques avaient été éventrées, des cafés saccagés; puis la colonne s'était ruée à l'assaut des maisons publiques et avait jeté par la fenêtre les femmes à moitié nues, pêle-mêle avec les meubles. Elle s'était dirigée ensuite vers l'église pour y enlever les cloches et apprenant que le curé, prévenu en temps utile, avait fermé les portes et avait emporté les clefs, elle avait marché sur le presbytère dont elle était en train d'enfoncer le portail à grands coups d'un bélier, improvisé avec une énorme poutre, aux cris de « A la lanterne le calotin ! »

Nous nous regardions mornes et consternés, et le sentiment de notre impuissance nous torturait cruellement, quand, tout à coup, un des sous-lieutenants s'approcha respectueusement du vieil officier supérieur :

— Si vous voulez bien m'y autoriser, mon commandant, je vais essayer de ramener ces brutes au quartier et, lorsqu'ils seront entrés dans la grande cour, comme ils n'ont pas d'armes, nous en viendrons promptement à bout avec les vieux zouaves du détachement.

— Mais c'est impossible, répondit le major, vous vous ferez écharper sans résultat, et il le considéra longuement, puis, comme à regret :

— Allez, lui dit-il, et que Dieu vous garde !

Quelques instants après, notre camarade était sur le théâtre du drame.

La bête monstrueuse, l'hydre aux mille têtes, la foule inconsciente et cruelle, s'y vautrait dans toute sa tragique horreur. Un des montants du portail avait cédé sous les coups de la poutre, mais était encore retenu en arrière par la barre de fermeture. Il était évident qu'il n'allait pas tarder à s'effondrer et à livrer passage aux émeutiers. Des cris perçants sortaient des fenêtres dont les vitres avaient été brisées à coups de pierre ; c'était la vieille servante du curé qui hurlait déjà à la mort.

Le jeune officier était grand et souple, mais il n'eût jamais franchi les rangs pressés qui se dressaient devant lui, s'il n'avait imaginé de crier qu'il était chargé d'un message important du gouverneur général. Les derniers rangs s'entr'ouvrirent aussitôt et après maintes bousculades, il finit par arriver devant le presbytère. Là, avisant un tonneau vide qui était placé debout contre le mur, il s'enleva, d'un bond, aux applaudissements de l'assistance; puis il fit signe qu'il allait parler.

Une curiosité intense s'était emparée de la multitude et, de toutes parts, on entendait le même cri :

— Chut, chut, laissez-le jaspiner !

Un silence impressionnant avait fait place aux hurlements de tout à l'heure et, soudain, il prit la parole :

— Citoyens !...

Il ne put en dire plus long et sa voix fut couverte par une tempête de bravos formidables. Ce mot, prohibé depuis vingt ans, venait de déchaîner l'enthousiasme et de lui conquérir tous les cœurs !

— Citoyens, reprit-il, quand le calme fut revenu, je salue tout d'abord en vous les dignes fils des héros de 48 ! En acclamant aujourd'hui le triomphe de la République, vous flétrissez, du même coup, le régime néfaste dont l'impéritie a conduit la France à l'abîme.

» Honneur à vous, qui n'avez pas désespéré du salut de la Patrie et qui avez poussé le dévouement jusqu'à traverser les mers afin de combattre sous l'uniforme des premiers soldats du monde.

» Dans quelques jours, armés, habillés, équipés et instruits, vous constituerez une phalange aussi redoutable aux envahisseurs qu'aux insensés qui essaieraient de tenter une restauration du régime déchu. La liberté n'aura pas de plus ferme rempart que vos vaillantes poitrines, et les séïdes de Badinguet rentreront sous terre !

» Mais, à présent que vous avez brillamment affirmé vos convictions, il faut songer à réparer vos forces épuisées par votre courageuse manifestation. Vous aurez peut-être à marcher demain sur Alger où la réaction forge des armes. Oui, demain peut-être, c'est vous qui sauverez la République ! — Puis, tirant ostensiblement sa montre, il cria à la foule qui trépignait de joie : Il est cinq heures et demie, c'est l'heure de la soupe, nous allons tous nous rendre au quartier en chantant la *Marseillaise.*

Et, d'une voix vibrante, il entonna le premier couplet.

Ce fut alors du délire, quatre mille bouches reprirent en chœur le refrain, tandis qu'il était enlevé par des bras robustes et porté en triomphe.

Il y eut une poussée formidable, et toute cette cohue, se formant de nouveau en colonne, se dirigea vers le camp des zouaves aux accents de l'hymne de Rouget de l'Isle.

Une demi-heure après, cette multitude s'était répandue comme un torrent à l'intérieur de la caserne. Dans la vaste cour encombrée de tentes coniques, c'était une fourmilière d'hommes revenant des cuisines, la gamelle à la main et s'apprêtant à manger la soupe et le rata.

Tout à coup, la grande porte se ferma avec un bruit sourd et, à travers les barreaux, on aperçut un vieux sergent chevronné qui se tenait à l'extérieur avec une dizaine d'anciens zouaves, baïonnette au canon et la giberne sur le ventre.

A ce moment les douze fenêtres du pavillon des officiers se hérissèrent de fusils et le sous-lieutenant apparut sur le balcon de la salle d'honneur.

— Clairons, sonnez le garde à vous! dit-il, d'un ton bref.

Surpris, les groupes s'arrêtèrent, inquiets, pendant que de toutes les tentes surgissait la foule des dîneurs. Tous les yeux se portèrent, aussitôt, dans sa direction et, le brouhaha des conversations apaisé, il fit signe qu'il allait parler de nouveau.

— Bandits, cria-t-il, d'une voix forte, vous êtes, à présent, dans la souricière, vous n'en sortirez plus que muselés et incapables de nuire !

Et comme un grondement redoutable venait d'accueillir ces paroles :

— Silence ! Les deux issues de la caserne sont gardées par des postes qui ont l'ordre de tirer sur quiconque tentera de sortir et, au moindre signe de révolte, je fais ouvrir le feu par ces vieux soldats qui ont deux cents cartouches dans leurs musettes. Pas un mot, pas un geste, ou sinon, je vous extermine jusqu'au dernier.

» Et maintenant, ouvrez les oreilles.

» Que les braves gens qui n'ont pas participé au pillage de la ville se groupent immédiatement au pied de ce pavillon, et quant aux autres, que tous ceux qui se repentent d'avoir cédé à l'entraînement des meneurs fassent leur devoir, s'ils veulent obtenir leur pardon ! Je leur donne cinq minutes pour m'amener les coupables au poste de police, où je constaterai leur identité.

Et, tirant de nouveau sa montre :

— Il est six heures trente cinq ; si à six heures quarante, mon ordre n'est pas exécuté, je fais commencer le feu ! »

Quand la stupeur générale fut dissipée, la plus grande partie de la foule vint se masser, peu à peu, sous le balcon, et il ne resta plus dans la vaste cour, qu'un millier d'hommes qui discutaient avec animation, au milieu d'un concert de reproches mutuels et d'invectives.

Il y eut de profonds remous dans le groupe encore menaçant des mutins, où les émeutiers résistaient avec l'énergie du désespoir à ceux qui essayaient de les conduire au poste ; des coups furent échangés de part et d'autre, et, finalement, quelques minutes après, une vingtaine d'hommes à l'air sinistre furent amenés de force au corps de garde, interrogés sommairement et conduits séance tenante, entre deux haies de vieux zouaves, à la prison de la gendarmerie, pour plus de sûreté.

A ce moment précis, arrivaient, en toute hâte,

quelques officiers qui avaient enfin pu s'échapper du café du Sahel, et notre camarade rendit compte brièvement des dispositions qu'il avait prises, au commandant du détachement qui ne pouvait en croire ses yeux.

Un calme profond régnait, à présent, dans toute l'étendue du casernement; la plupart des hommes étaient rentrés dans les chambres ou sous la tente, et ceux qui se tenaient encore dans la cour parlaient à voix basse avec des airs craintifs et résignés.

Alors, se tournant vers le jeune officier, le major essuya, du revers de la main, une larme qui venait de rouler sur sa moustache grise; puis, incapable de contenir plus longtemps son émotion, il lui ouvrit les bras et le pressa sur son cœur dans une paternelle accolade.

II

TRIBULATIONS D'UN CHEF DE DÉTACHEMENT

A partir du 8 septembre 1870, la plus grande partie des douze mille engagés volontaires du 1er zouaves fut dirigée par détachements successifs sur Antibes où, après sélection rigoureuse des bons éléments et renvoi des mauvais dans les dépôts du territoire, ils allaient concourir à la formation du 1er régiment de marche de zouaves.

Au début de la guerre, les six premières compagnies de chacun des trois bataillons de l'ancien corps, qui en comprenaient normalement huit, étaient parties pour l'armée du Rhin. Il en restait donc six en Algérie, plus les trois neuvièmes ou compagnies de dépôt; au total, neuf. C'est avec les gradés et les hommes de ces dernières unités qu'on allait encadrer, à Koléa, cette masse inorganisée et à peine dégrossie. En même temps, on avait recours aux officiers des bureaux arabes, dont quelques-uns purent être remplacés dans leurs postes par des officiers ayant signé le « revers », de sorte qu'en utilisant toutes ces ressources, on finit par réunir les éléments indispensables à la constitution d'un régiment de marche à trois bataillons de six compagnies, qui commença à se former à Antibes, du 13 au 23 septembre.

Le premier détachement partit le 9 septembre sous les ordres du capitaine Sappey, et je fus chargé de la conduite du second.

C'est ainsi que simple sous-lieutenant, je me mets en route, le 10, à huit heures du soir avec douze cents hommes à destination d'Alger, où je dois m'embarquer le lendemain sur le transport de l'État *La Mayenne*. Pour assurer l'ordre pendant la marche, et maintenir la discipline dans cette cohue qu'on vient, à la hâte, d'habiller en zouaves, je ne dispose que d'un sergent et d'un caporal. Heureusement les fusils et les munitions sont en France; d'ailleurs, je compte sur la répression du 4 septembre pour obtenir l'obéissance.

L'étape est dure puisque Koléa est à quarante kilomètres d'Alger. D'un autre côté, la marche de nuit que je vais faire, si elle a l'avantage de soustraire mes hommes à la chaleur encore assez élevée dans cette saison, rend illusoire ma surveillance sur une aussi longue colonne, en pleine obscurité.

Je mets le sergent en tête, le caporal au milieu, et je ferme la marche afin de ne laisser aucun traînard derrière moi.

Vers une heure du matin, je fais une grande halte devant l'entrée du célèbre couvent de la Trappe de Staoueli, et mes zouaves improvisés prennent un peu de repos après avoir fait le café.

Le départ s'effectue sans trop de difficultés; mais, une vingtaine de mauvais sujets me déclarent qu'ils n'iront pas plus loin.

Que faire? Mon sergent et mon caporal sont déjà hors de la portée de la voix, et je reste seul en face des mutins que j'adjure vainement de mettre sac au dos.

Toutes mes exhortations restant inutiles, je menace de brûler la cervelle à quiconque ne reprendrait pas immédiatement la marche.

Successivement, en les interpellant un à un, je réussis à les déterminer à partir. Je m'apprête à les suivre, quand, tout à coup, un homme que je n'avais pas aperçu, dissimulé qu'il était dans le fossé de la route, me tire brusquement par les jambes, au moment où je passe près de lui. Je perds l'équilibre, et je tombe lourdement sur le sol ; mais avant que j'aie pu me relever, le gredin a bondi sur moi et me prend à la gorge.

D'une main, j'essaye vainement de sortir mon revolver de son étui, et de l'autre, je cherche à desserrer l'étreinte mortelle de ses doigts noués autour de mon cou. Déjà mes tempes s'emplissent de bourdonnements. Des lueurs rougeâtres passent devant mes yeux et je commence à râler, lorsque je réussis à saisir, de ma main restée libre, l'un des poignets du meurtrier, et je le tords à faux dans un effort désespéré. Le misérable pousse un cri de douleur. Un peu d'air arrive à mes poumons et d'une brusque secousse, je renverse mon adversaire sur le côté.

Quelques secondes après, je suis maître de la situation, et tandis que je l'étrangle à moitié, je réussis à sortir mon revolver, et je vais le tuer, lorsque je perçois, dans un râle, ce mot suppliant :

— Grâce, mon lieutenant !

Certes, je devrais faire prompte justice, mais j'ai la faiblesse d'avoir pitié de ce gredin, qui gît inerte sur la chaussée, et, me redressant d'un bond, je reprends en toute hâte la route d'Alger.

Le jour commence à poindre quand je rattrape la bande des traînards. Après avoir pris leur nom et leur numéro matricule, je les contrains à rejoindre la colonne où l'on ne s'est aperçu de rien, puis, à la première halte, je fais former le cercle, et j'apprends à mes hommes l'attentat dont je viens d'être victime en les prévenant que je serai désormais impitoyable pour de pareils bandits.

A Cheragas, j'avise, en passant, la gendarmerie, et je laisse au brigadier un rapport succinct. Enfin, à mon arrivée à Alger, je rends compte à la Place où, pour dégager ma responsabilité, je demande à subir la visite du médecin de service qui n'a pas de peine à constater les ecchymoses de mon cou gonflé et encore douloureux, ainsi que la congestion de mes yeux.

Le même jour, 11 septembre, à cinq heures du soir, *La Mayenne* appareille pour Toulon et, aussitôt après le départ, le commandant, informé des événements de la nuit, fait mettre aux fers tous les mutins de Staoueli.

Arrivés dans la nuit du 12 au 13, après une heureuse traversée, on nous débarque à huit heures du matin. Un officier de la majorité, chargé de me conduire au champ de Mars, situé à l'Est des remparts de la ville, m'informe que mon détachement s'embarquera, en chemin de fer, à deux heures de l'après-midi, à destination d'Antibes.

Il m'apprend aussi que le capitaine Sappey, qui m'a précédé d'un jour, a été assailli, la veille, sur les quais de la gare par quelques-uns de ses plus mauvais sujets, roué de coups, et allégé du « boni » de sa compagnie, qui s'élevait à quatre mille francs.

En même temps, il m'offre, au nom du préfet maritime, de me faire escorter par un détachement de fusiliers marins; mais, à cette proposition humiliante, la rougeur me monte au front et je le prie de dire à l'amiral que je réponds de l'ordre sur mon honneur d'officier.

La matinée se passe en distributions de toute nature et, à midi, après la soupe, je fais mettre sac au dos et rompre les faisceaux.

Certes, je ne suis qu'un humble sous-lieutenant, mais je me sens grandi par l'idée que je représente tout un corps d'officiers; et quels officiers! Les héros de cent combats, les vainqueurs d'Algérie, de Crimée, d'Italie et du Mexique; aussi, pour effacer la honte dont ces gredins ont souillé le glorieux uniforme des zouaves, je décide de faire une entrée sensationnelle dans les rues de Toulon.

Tout d'abord, il faut que je mette un peu d'ordre dans la cohue bruyante et indisciplinée de mes douze cents hommes; mais je me heurte à l'indifférence des uns et à la mauvaise volonté des autres.

Impossible de les aligner! Alors, je sors brusquement mon revolver et après avoir crié, d'une voix retentissante : « A droite alignement! » je tire un premier coup, un peu en dehors de la direction.

Toutes les têtes effarées se tournent de mon côté, et voici les groupes qui commencent à se fondre en une ligne irrégulière.

Deuxième commandement! suivi immédiatement d'un deuxième coup de revolver tiré plus près, et, comme par enchantement, toutes les saillies disparaissent et le front apparaît rigide.

Au troisième coup, qui rase les figures, l'alignement est irréprochable et le silence absolu. Alors je commande « Fixe » et tout le monde reste immobile.

Je fais faire par le flanc droit, et dans l'ordre habituel, mon sergent en tête, mon caporal au milieu et moi en queue, nous partons en ordre parfait. La longue colonne s'engouffre sous la voûte de droite de la porte d'entrée, et après avoir dépassé la demi-lune, je me retourne pour presser un homme qui s'est arrêté un instant et qui rejoint en courant. Je m'engage ensuite sur le pont-levis du corps de place lorsque, brusquement, je suis saisi par derrière et couché sur le garde-fou. Là, je reçois un formidable coup de poing en pleine figure. Tout étourdi, je sens que l'on essaie de me faire basculer dans le fossé. Heureusement, j'ai pu arc-bouter ma nuque contre la barre de fer, je me raidis désespérément, en prenant appui sur ce point fixe, et saisissant mon adversaire à bras-le-corps, je l'étreins avec l'énergie du désespoir. Tout à coup, il me semble que quelque chose vient de craquer, ses reins ploient, en même temps qu'il pousse un long hurlement de douleur. Alors, je parviens à me redresser et je le renverse à mon tour sur la barre du garde-fou, puis je le culbute dans le fossé. L'homme tombe la tête la première, d'une hauteur de six mètres, et s'écrase lourdement sur le sol dur en faisant « Couic » !

Quelques minutes après, j'ai rattrapé mon détachement qui vient se former sur le quai d'embarquement et sera le soir même à Antibes, après avoir, malgré tous mes efforts, mis à sac le buffet des Arcs.

Ouf ! Il était temps d'arriver, car j'aurais fini par y laisser ma peau et je ne souhaiterais pas à mon pire ennemi de conduire une masse pareille avec un si petit nombre d'auxiliaires pour l'encadrer.

Certes, les braves gens y étaient en majorité, mais il y avait malheureusement un trop grand nombre de repris de justice dont nous ne pûmes nous débarrasser qu'après l'arrivée à destination.

L'épuration dura du 14 au 25, et on dut souvent employer la force pour les acheminer sur les dépôts du territoire où ils furent conduits par des détachements d'anciens zouaves, baïonnettes au canon et fusils chargés.

Entre temps, j'étais passé lieutenant à l'ancienneté et affecté à la 1re compagnie du 1er bataillon.

Le mercredi 28 novembre, les neuf premières compagnies partaient sous les ordres du commandant Robert pour l'armée de la Loire.

Après un assez long séjour à Nevers et plusieurs marches et contre marches dans la vallée de la Loire elles furent concentrées au camp d'Argent, près de Gien, et connurent pour la première fois les souffrances du bivouac. Là, pendant vingt jours, nous fîmes notre apprentissage de soldats sous la pluie glaciale et dans l'horrible boue de la Sologne, où nous pataugions le jour et où nous dormions la nuit. Enfin, le 31 octobre, arrivait le reste du régiment qui avait achevé de s'organiser à Antibes.

Le 1er de marche de zouaves entrait dans l'ordre de bataille à l'effectif de 62 officiers et 3.600 hommes de troupe et faisait partie de la 1re brigade de la 1re division du 15e corps d'armée.

Pendant tout le mois d'octobre, et, jusqu'au 7 novembre, nous avions poussé l'instruction de nos zouaves et, vraiment, le régiment avait déjà bonne tournure lorsque l'armée s'ébranla pour reprendre Orléans.

Composé entièrement de bons Français, appartenant à toutes les classes de la société, il dépassa, ainsi qu'on le verra au cours de ces récits, toutes les espérances que l'on peut fonder sur une troupe de nouvelle formation, soumise aux rigueurs d'un hiver exceptionnel, dépourvue, la plupart du temps, de vivres et de chaussures et exposée trop longtemps au régime destructeur des bivouacs.

III

LE CAMP DE LA BOUE

Partis, le 7 novembre 1870, du camp d'Argent près de Gien, nous marchons depuis trois jours sous un ciel gris et pluvieux.

Nous avons franchi la Loire au pont suspendu de Sully, traversé Châteauneuf, poussé une pointe vers le Nord et, arrivés dans la clairière de Loury, au centre de la forêt d'Orléans, nous avons reçu malheureusement l'ordre de rétrograder sur cette ville à la nuit tombante. Épuisés de fatigue, nous finissons par bivouaquer dans les cultures de Fleury-aux-Choux, après une marche forcée de trente-huit kilomètres.

Pendant toute cette longue étape du 9 novembre, de sourdes détonations n'ont pas cessé de se faire entendre dans l'Ouest : c'était le canon de Coulmiers.

Or il n'y avait pas plus loin de Loury à Arthenay que de Loury à Orléans, et si le général Martin des Paillères qui commandait notre division avait eu, ce jour-là, l'étincelle du génie, s'il avait continué son mouvement vers le Nord-Ouest, il tombait avec ses 30.000 hommes sur les derrières des Bavarois en ce moment en pleine retraite. Nous étions ivres d'enthousiasme et la victoire nous tendait les bras ; un pas de plus, et c'était peut-être la capitulation d'Orléans en riposte à la capitulation de Sedan, la Patrie sauvée, pour la seconde fois, sur le sol immortalisé par Jeanne d'Arc !

Le lendemain, nous partons à l'aube.

La route de Paris est bordée jusqu'à Bel-Air d'une rangée presque ininterrompue de maisons désertes, dont les murs criblés de balles et les toits défoncés par les obus et encore fumants témoignent de l'acharnement de la lutte soutenue par la **Légion** étrangère, à la première évacuation d'Orléans.

A chaque instant, nous croisons de petits groupes de prisonniers coiffés du casque à chenille, qui défilent sous l'escorte des chasseurs d'Afrique, la pipe en porcelaine à la bouche, graves, silencieux, saluant militairement au passage.

Peu à peu, l'horrible pluie fait place à la neige fondue et quand, transis de froid et transpercés jusqu'aux os, nous dépassons Chevilly, nous recevons l'ordre de bivouaquer dans un immense champ de blé fraîchement hersé. Non loin de là, se dresse un moulin beauceron, haut perché sur un faisceau d'énorme poutres, dont les ailes au repos tracent sur le ciel grisâtre une gigantesque croix de Saint-André.

Le régiment se forme en colonne par divisions à demi-distance et se couvre aussitôt par des avant-postes ; puis, les faisceaux formés, on dresse les petites tentes-abris, la moitié de chaque compagnie restant sous les armes.

Dès la rentrée des reconnaissances, on commence à s'installer dans ce camp, où nous allons être presque parqués pendant huit jours, le mot n'est pas trop fort, car une ligne de sentinelles, fournies par la garde de police, empêche de sortir quiconque n'a pas un motif de service.

Dans cet espace étroit, la terre, piétinée sous les pas de tant d'hommes, laisse bientôt transsuder toute l'eau dont elle est saturée et, la pluie aidant, le bivouac devient, en quelques heures, un immense cloaque de boue liquide où les tentes des zouaves semblent voguer comme de légères embarcations.

Pour consolider le sol où nous couchons, nous enfonçons vainement dans la glaise des fagots coupés dans les bois voisins par des corvées qui partent chaque matin du camp. Peine perdue! Au réveil, nous constatons, avec désespoir, que notre couche rugueuse s'est enlizée sous le poids de nos corps et que nous nous trouvons de nouveau au niveau de la vase. Nouvelle superposition de fagots, nouvel enlizement progressif pendant la nuit suivante. De guerre lasse, un « débrouillard » a l'idée d'allumer un grand feu sur l'emplacement de sa tente, et la terre calcinée, formant bloc, devient un ferme support. Cet exemple est immédiatement suivi d'un bout à l'autre du camp et nous pouvons enfin dormir sans barboter dans la boue.

Comme on le pense bien, nous sommes d'une saleté repoussante et on finit par autoriser des corvées en armes à aller laver le linge à un fossé voisin. Le spectacle en est pittoresque; les zouaves, nus jusqu'à la ceinture malgré le froid, tordent furieusement leurs chemises et leurs pantalons de toile, dégouttants d'une eau limoneuse, afin d'en exprimer, d'abord la vermine qui commence à nous envahir, et ensuite, mais d'une manière bien imparfaite, la terre rougeâtre qui y adhère comme de la colle.

La nuit, les communications deviennent quasiment impossibles sur ce sol gras qui forme un mastic de plusieurs pieds de profondeur, où les chaussures s'engluent et où les pieds butent, à chaque instant, contre les cordes des tentes, arrachant les piquets et renversant le fragile édifice sur les dormeurs qui se lèvent furibonds.

Chaque soir, je vais rendre l'appel sur la

plate-forme du moulin, seul endroit à peu près sec aux abords du bivouac. C'est pour cette raison qu'on l'a choisi et aussi, à cause de l'étrange silhouette qui le domine et forme un excellent point de repère dans l'obscurité.

Je marche un peu au hasard dans la nuit profonde, redoutant à chaque pas de culbuter sur un piquet ou de m'éborgner sur les baïonnettes des faisceaux et m'efforçant de distinguer, à l'horizon couleur d'encre pâle, la tache plus sombre de ses bras dressés sinistrement vers le ciel.

Ce camp de Chevilly est aussitôt baptisé Camp de la Boue, et revient aujourd'hui encore dans mes souvenirs comme un atroce cauchemar.

C'est dans ces terres gluantes de la Beauce, sous cette pluie glaciale, dans cette inaction funeste, que se brisa l'élan merveilleux qui avait caractérisé l'offensive de la première armée de la Loire.

IV

LES AILES QUI TRAHISSENT

Chaque matin, en exécution des ordres du général d'Aurelles de Paladines, on prend les armes à quatre heures. Les tentes sont abattues, et les compagnies rompant les faisceaux se forment en silence, puis, l'arme au pied, elles attendent la rentrée des patrouilles qui, après avoir dépassé les grand'gardes, explorent le terrain au delà de la ligne des sentinelles.

Dans l'après-midi, une reconnaissance est poussée au nord de la ligne d'avant-postes retranchés qui s'étend sur le front de la division, de Neuville-aux-Bois jusqu'au château d'Auvilliers, en passant par Bucy-le-Roi et Arthenay. Mais, chose singulière, quelques précautions que nous prenions pour ne pas déceler notre marche, quelle que soit l'heure du départ, nous sommes toujours accueillis à coups de fusil, sans réussir jamais à surprendre l'ennemi qui paraît être dans le secret de tous nos mouvements. Chaque fois, nous nous mettons l'esprit à la torture pour deviner, comment, et par qui, il a pu être averti.

Est-ce un paysan complice placé en surveillance sur un mouvement de terrain d'où il peut voir à la fois le camp français et les avant-postes prussiens? Cependant, nos éclaireurs n'ont jamais aperçu d'être humain aussi loin que la vue peut s'étendre.

Nos mouvements sont-ils directement surpris par des guetteurs munis de jumelles et perchés dans les clochers des villages occupés par l'ennemi? Mais il n'est pas de pays plus propre à dissimuler la marche des troupes que ces plaines à faibles ondulations, où un pli de terrain insignifiant suffit, comme au camp de

Châlons, à masquer toute une division de cavalerie.

Toutes les autres hypothèses ont été écartées successivement, lorsqu'un jour, pendant que le 2e bataillon s'ébranle dans la direction du château d'Auvilliers, un zouave, ancien élève de l'École des Beaux-Arts, qui dessinait à ses moments perdus et avait commencé, les jours précédents, une esquisse du moulin, pousse tout à coup un cri de surprise et, se levant brusquement, accourt avec de grands gestes en criant :

— Ah ! le cochon ! Ah ! le cochon ! — Arrivé à quelques pas de l'officier de garde, à la police, il s'arrête, et montrant furieusement son poing au moulin : — Je l'ai trouvé, l'espion qui avertit l'ennemi de tous nos mouvements, c'est cette carcasse de malheur ! — Et comme celui-ci le regarde, absolument ahuri, se demandant s'il n'est pas devenu subitement fou, il part d'un éclat de rire. — Rassurez-vous, mon lieutenant, ce n'est pas le cafard qui me travaille.

» Hier, je doutais encore, mais aujourd'hui, ma conviction est faite ! Les jours où le bataillon n'est pas de service, j'ai remarqué qu'au moment du départ des reconnaissances, les ailes du moulin tournent d'un demi-quart de cercle et forment dans l'espace une croix ordinaire, tandis qu'auparavant elles figuraient une croix de Saint-André.

» Des clochers de Lumeau, Baigneaux et Ruan, occupés par l'ennemi et distants seulement d'une dizaine de kilomètres, il doit être facile d'apercevoir, avec une lunette, ce changement de position et de donner l'alerte à tous les avant-postes.

— Pas un mot à qui que ce soit, lui dit mon camarade à demi-voix; allez-vous mettre en tenue, il faut en informer le lieutenant-colonel.

Quelques minutes après, ils sont reçus par le commandant du régiment, qui, après avoir écouté le zouave avec scepticisme d'abord, finit par partager sa conviction. Il le félicite chaleureusement et fait aussitôt demander l'adjudant-major de jour.

— Capitaine, lui dit-il, après l'avoir mis en quelques mots au courant de la situation, prenez une section de la garde de police et cernez immédiatement le moulin de telle sorte que personne ne puisse en sortir. Je vous suis.

L'opération est habilement exécutée, un sergent gravit les degrés de l'échelle par où on accède à la porte d'entrée et frappe plusieurs coups qui restent sans réponse.

— Enfoncez la porte, crie le lieutenant-colonel.

Une tête effarée apparaît alors à la lucarne et une voix obséquieuse demande :

— Qu'y a-t-il pour votre service, messieurs ?

— Ouvrez d'abord, je vous le dirai ensuite !

La tête disparaît, on entend le grincement d'une clef dans la serrure, et un homme se montre dans l'encadrement de la porte. Bien qu'il fasse bonne contenance, la pâleur de ses traits dément l'air jovial avec lequel il s'efforce visiblement de répondre à l'interrogatoire du colonel.

— Pourquoi as-tu changé tout à l'heure la position des ailes de ton moulin ?

— Je vas vous dire, c'est que les cordes étaient ben trop tendues par cette sale pluie, alors je les ai laissées un peu filer.

— Très bien, mais peux-tu m'expliquer aussi pourquoi tes cordes sont toujours trop tendues, chaque fois que partent nos reconnaissances ?

A ce coup droit, le meunier devient livide et il serait tombé s'il ne s'était cramponné d'une main au chambranle de la porte. Il balbutie quelques paroles incompréhensibles, jette un regard rapide autour de lui, et soudain, d'un bond formidable, il saute sur la plate-forme ; puis, avant que les assistants soient revenus de leur surprise, il essaie de franchir en un point mal gardé, le cercle des zouaves qui entoure le moulin, mais il est cueilli au passage et ficelé en un clin d'œil, avec un cordeau de tirage.

Le misérable claque des dents et sa figure décomposée sue l'épouvante, il regarde avec angoisse du côté de la porte par où le capitaine et quelques hommes ont pénétré dans le moulin, dans le but d'y faire une perquisition, et, de temps en temps, son corps est secoué d'un tremblement convulsif.

Enfin, après de longues et patientes recherches, on entend un cri de triomphe, et l'adjudant-major apparaît au sommet de l'échelle en brandissant un de ces sacs de cuir fauve que l'on serre à l'aide d'un lacet passé dans des œillères de métal et qui servent de porte-monnaie aux maquignons.

L'unique preuve matérielle du crime était maladroitement cachée derrière une planche du revêtement intérieur de la toiture, et un zouave, en frappant avec la crosse de son fusil, a reconnu le son métallique des doppelkronen.

L'officier descend lentement les degrés et, s'approchant du colonel, fait ruisseler dans son képi l'or de la trahison.

Le traître s'est évanoui!

Quand il revient à lui, on le porte comme une masse inerte jusqu'à la mairie, où il est gardé à vue en attendant la réunion de la cour martiale, fonctionnant en vertu du décret du gouvernement de la Défense Nationale du 2 octobre 1870.

A la tombée de la nuit, le conseil se réunit dans la salle des délibérations.

Il est composé : d'un chef de bataillon président, de deux capitaines, d'un lieutenant et d'un sous-officier. Un sergent-major remplit les fonctions de greffier.

Malgré le manque d'apparat, il est impressionnant, le spectacle de ce tribunal improvisé qui va décider tout à l'heure de la vie ou de la mort d'un homme. La salle est noyée dans une demi-obscurité qui prête aux hommes et aux choses des formes fantastiques. Sur la table du conseil, la bourse de cuir est posée comme pièce à conviction entre deux bougies dont la flamme vacillante jette, par intermittences, une lueur plus vive sur les visages énergiques des membres du conseil qui semblent émerger de l'ombre, ainsi que certaines figures des tableaux de Rembrandt.

Le meunier est introduit entre deux zouaves sans armes et s'affaisse sur une chaise en sanglotant. Derrière lui, prennent place les témoins : le lieutenant-colonel, l'adjudant-major et le zouave artiste.

Le président donne ensuite lecture de la plainte et fait entendre les dépositions; puis, après avoir constaté qu'il n'y a aucun témoin à décharge, il demande à l'accusé s'il a quelque chose à dire pour sa défense. Celui-ci se soulève un instant, ouvre la bouche comme s'il allait parler et retombe sans forces sur son siège.

Un silence terrible règne maintenant dans l'enceinte enténébrée, troublé seulement par le bruit des sanglots du misérable.

Le président répète sa question. Un geste farouche de dénégation lui répond ; alors, il commande de faire sortir l'accusé et après avoir résumé les dépositions et constaté de nouveau qu'il n'y a pas de témoins à décharge, il pose aux membres du conseil, en commençant par les moins élevés en grade, l'unique question spécifiée par la loi martiale : — Au nom de la Patrie envahie ! le nommé R... est-il coupable d'espionnage ?

Chaque membre répond oui d'une voix ferme.

C'est la mort ! En vertu de l'article 6 de la loi, le traître doit être fusillé le lendemain matin à la pointe du jour.

Le président le fait rentrer aussitôt et lui lit la sentence,

A ce moment, il se passa une chose inouïe ; l'homme, jusque-là inerte, a un sursaut de révolte et, comme galvanisé par une secousse intérieure, pousse un cri de rage et bondit sur le président. La table est renversée avec les flambeaux et la salle plongée dans une obscurité complète. On entend une courte lutte au milieu d'exclamations irritées, et quand on apporte de la lumière, on voit les zouaves qui ont enfin réussi à le maîtriser et l'entraînent vers la porte; mais, avant de sortir, dans un effort désespéré, il réussit à se retourner et, le visage convulsé de fureur :

— Canailles! hurle-t-il, les Prussiens me vengeront! A bas l'armée française! Vivent les Allemands!

Le lendemain au point du jour, le meunier est fusillé devant le front des troupes et meurt comme un lâche.

Là-bas; du côté de l'aube blafarde, sous la pluie glaciale, le moulin complice étend désespérément vers le ciel ses ailes sinistres qui ne trahiront plus.

V

MARCHES ET CONTREMARCHES

Le 24 décembre 1870, mon régiment, quittant les parages de Chevilly, se met en marche d'abord vers le Nord, ensuite vers l'Est. Nous saurons plus tard que sur un ordre direct de M. de Freycinet, délégué à la Guerre, la division Martin des Pallières doit se porter vers Chilleurs-aux-Bois pour appuyer l'offensive des dix-huitième et vingtième corps d'armée sur Pithiviers.

Il est urgent, en effet, d'opérer une diversion pour dégager les provinces de l'Ouest menacées par l'armée du duc de Mecklembourg; mais, pour réussir, il faudrait des états-majors sachant faire un ordre de mouvement, des cadres capables d'en assurer l'exécution et de maintenir la discipline; enfin, des troupes manœuvrières au lieu des corps de nouvelle formation qui constituent la grande masse de l'armée.

Mon régiment peut compter cependant parmi les plus solides, puisqu'il est encadré par des officiers d'avant la guerre et qu'il possède un certain nombre d'anciens soldats évadés de Sedan ou blessés guéris de Frœschviller, mais il manque de cohésion et n'a pas derrière lui tout un passé de gloire comme l'ancien 1er zouaves.

Ah! c'est qu'on n'improvise pas une troupe capable de supporter sans défaillances la fatigue, les intempéries, le froid, et ce qu'il y a de plus terrible à la guerre : les marches et contremarches inutiles.

Et dire qu'aujourd'hui, à quarante années de distance, lorsque l'histoire est faite, il se trouve encore des hommes et certes des plus éloquents pour demander le remplacement de l'armée permanente par une milice !

Mais ils oublient ou plutôt ils feignent

d'ignorer qu'on marche souvent pendant tout un mois avant d'avoir l'occasion de se battre et que pendant tout ce mois on souffre de la faim, de la privation de sommeil, des blessures aux pieds; qu'on est tour à tour mouillé jusqu'aux os, gelé pendant les longues nuits du bivouac, et qu'il faut une trempe exceptionnelle, qu'on n'obtiendra jamais de la masse, pour garder intacte son énergie au moment où l'on doit affronter la mort!

Qu'ils aillent donc essayer l'effet de leur rhétorique sur ces petits soldats qui se lèvent à l'aube après une nuit passée au bivouac sous la pluie ou sous la neige, qui n'ont pas touché de vivres la veille, parce que le convoi s'est égaré ou embourbé, et qui, pour se donner du cœur au ventre, n'ont que le quart d'eau puisé au fossé voisin et le morceau de biscuit des vivres de réserve!

Regardez! le combat va s'engager. Des détonations sourdes déchirent l'air calme du matin et voici qu'en un clin d'œil, quantité d'hommes se dispersent en tirailleurs derrière les haies, soudain préoccupés des grondements de leurs intestins ; les autres, le visage tout pâle, écoutent la voix formidable du « brutal » et s'efforcent de faire bonne contenance.

Deux choses seules feront de cette masse déprimée, hésitante, une troupe capable de se battre et de vaincre, et ces deux choses essentielles, les armées improvisées et les armées de milice ne les auront jamais : la confiance des soldats dans leurs chefs et la confiance des soldats entre eux !

Ce n'est que par de longues années vécues ensemble, ce n'est qu'au contact de chaque jour, que les uns et les autres apprennent à se connaître, à s'estimer et souvent à s'aimer. Tous ceux qui ont l'expérience de la guerre le savent bien, l'ont dit ou l'ont écrit, mais il y aura toujours des gens auxquels s'appliquera éternellement la parole du Christ : « Ils ont des yeux et ils ne voient pas et ils ont des oreilles et ils n'entendent pas ! » et ces gens-là s'appellent en bon français : des destructeurs de patrie !

Je reviens maintenant au récit de ces marches et contremarches où l'armée de la Loire a perdu, en dix jours, le tiers de son effectif et, ce qui est plus grave encore, son élan et son moral.

Le 23 novembre, à neuf heures du matin, nous quittons le camp de la boue et nous prenons la direction de la Croix-Briquet, où nos batteries viennent d'ouvrir le feu sur une reconnaissance ennemie. Là, après quelques coups de fusil échangés avec une ligne de cavalerie qui fait aussitôt demi-tour, on s'arrête, puis on repart, mais pour faire quelques centaines de mètres seulement et ainsi de suite jusqu'à la nuit où nous pénétrons dans un village que nous devons garder en attendant de nouveaux ordres.

Nous restons quelques heures immobiles, sans feux, sans vivres. Nos hommes se dispersent dans l'obscurité, cherchant un abri au long des murs; quelques-uns ne rejoindront pas au départ qui a lieu vers minuit.

Au bout d'une demi-heure de marche, je consulte ma boussole à la lueur d'une allumette et je m'aperçois, à ma grande stupéfaction, que nous abandonnons la route de Paris et que nous nous dirigeons vers l'Est. Personne ne sait où l'on va ; nouvel arrêt d'une heure et tout à coup, on entend le cri de : « En avant ! » Il faut réveiller les zouaves endormis sur le talus du fossé.

Vers deux heures et demie, nouvelle halte ! L'ordre nous parvient de bivouaquer sur place. Il paraît que nous sommes à Saint-Lyé. Nous allumons des feux et nous passons là le reste de la nuit, les vêtements et les pieds trempés, à moitié asphyxiés par l'âcre fumée qui sort du bois vert arraché aux taillis voisins.

Enfin, le jour se lève et j'ai le cœur serré en voyant mes pauvres soldats étendus pêle-mêle derrière les faisceaux, le visage blêmi par le froid, les vêtements maculés de boue !

Tant bien que mal, on fait le café et on repart à onze heures à travers la forêt d'Orléans. Les chemins sont épouvantables, nous enfonçons jusqu'aux chevilles dans une boue gluante, car les routes forestières ne sont pas empierrées ; et la colonne s'allonge interminablement.

Vers deux heures, nous arrivons au village

de Rebrêchien et nous tournons à gauche pour gagner Loury, mais nous n'y entrons pas et nous attendons l'ordre de bivouaquer qui n'arrive qu'à cinq heures du soir, parce que l'adjudant-major chargé de le communiquer a voulu prendre une traverse et s'est égaré dans les bois.

Enfin, à la nuit tombante, nous nous formons dans une prairie à moitié inondée et nous dressons nos petites tentes.

Bilan de ces deux premières journées : 19 hommes manquant à l'effectif de ma compagnie, dont huit reviennent le lendemain. 12 sont entrés à l'ambulance en cours de route : 31 hommes de moins sur un effectif de 210 au départ de Chevilly.

Du reste aucune répression, pas de prévôté qui fasse suivre les traînards ; par suite faillite de la loi martiale qui n'est jamais appliquée qu'aux maladroits assez peu avisés pour rejoindre leurs corps après une absence illégale.

Du 25 au 28 novembre, le 1er régiment de marche de zouaves reste bivouaqué dans cette petite localité dépourvue de toute ressource, sauf de vin que malheureusement des paysans attirés par l'espoir du gain viennent vendre sur des voitures aux abords du camp. Chaque soir, le village présente l'aspect d'une ville de garnison les jours de prêt et, malgré tous nos efforts, est parcouru par des bandes d'ivrognes que les patrouilles passent leur temps à ramener à la garde de police.

Un incident montrera bien ce que sont des troupes improvisées. Je le livre à la méditation des partisans des armées de milices.

Un régiment de mobiles est venu, en dernier lieu, s'installer sans nous prévenir à côté de notre bivouac et le lieutenant Ferriol qui se promène sur la route à quelques pas du camp, manque d'être embroché par la baïonnette d'une sentinelle avinée :

— Espèce de maladroit, lui dit-il, qu'est-ce que vous faites là avec un fusil croisé à cette heure?

— Je suis en faction!

— Où est votre poste?

— Ici, à côté de cette charrette :

Les braves moblots n'ont trouvé rien de mieux que de placer leur grand'garde à cinquante mètres de nos tentes!

Pendant ce court séjour à Loury, nous entendons de sourdes détonations dans le Nord-Est.

On se bat, en effet, tout près de nous, à Neuville-aux-Bois, où les francs-tireurs de Cathelineau repoussent brillamment une attaque de l'ennemi, et à Bois-Commun, où le général Crouzat refoule les Prussiens vers le Nord.

Enfin, les 27 et 28, c'est le sanglant combat de Beaune-la-Rolande, suivi de part et d'autre d'une retraite sur les positions primitives.

Notre ordre de départ arrive dans la nuit du 28 au 29.

A trois heures du matin nous abattons les tentes et faisons le café, puis à huit heures, après quatre heures d'attente inutile, on met sac au dos. Nous ne sommes pas en marche depuis une heure qu'un contre-ordre arrive; nous devons revenir à Loury, en réserve générale de la division, et y attendre de nouvelles instructions.

Elles ne nous parviennent qu'à sept heures du soir, et nous partons à la nuit noire, l'artillerie en tête; mais nous sommes à peine engagés dans la forêt d'Orléans, qu'une colonne de cavalerie survient et cherche à nous doubler dans l'obscurité. On entend partout des cris de douleur et des exclamations de colère. Ce sont des zouaves qui, pour se garer des chevaux, se sont jetés sur le côté droit de la route et ont culbuté dans des trous de loup que le génie a creusés les jours précédents pour y faire tomber les Prussiens! Les distances s'allongent et on s'arrête pour permettre à la colonne de serrer et à la cavalerie de dégager le chemin.

Nous sommes debout depuis trois heures du matin, les hommes épuisés s'endorment dans les fossés. Une heure après on repart, puis nouvel arrêt; enfin, au point du jour, nous arrivons à Chilleurs-aux-Bois. Nous sommes sortis de la forêt maudite, mais nous avons marché toute la nuit pour faire neuf kilomètres et mes zouaves sont fourbus!

Après une halte employée à faire le café en avant du village, nous repartons pour Courcyaux-Loges et nous pénétrons de nouveau dans la forêt d'Orléans où, par des chemins épouvantables, nous gagnons péniblement le village de Chambon à l'orée des bois.

Ordre de bivouaquer, mais quand nous commençons à nous installer, contre-ordre ! Il paraît que l'adjudant-major s'est trompé. On repart en maugréant et on nous place un peu plus tard au pied d'un côteau, dans une prairie détrempée par la pluie.

Pas un général pour donner des ordres précis !

Pas un officier d'ordonnance pour en assurer la transmission.

Tout à coup, quelques coups de fusil éclatent derrière le coteau. C'est une patrouille de cavalerie prussienne qui laisse trois hommes sur le carreau, mais réussit à emmener un zouave sans armes qui était allé ramasser du bois mort. Ces gens-là connaissent leur métier, qui est de faire des prisonniers pour déterminer l'ordre de bataille de l'ennemi.

Le lieutenant-colonel affolé donne l'ordre de se remettre en marche, mais cette fois nous partons vers le Sud, c'est-à-dire du côté opposé à l'ennemi, puis à Nibelles nous reprenons la direction de Bois-Commun, qui est, paraît-il, notre objectif. Cette fois, le mouvement s'exécute en bon ordre, sous la protection de compagnies de flanqueurs qui marchent parallèlement à nous.

A la nuit tombante seulement, nous entrons dans le village. Pas de distribution! Les hommes affamés vont à la maraude; on bivouaque dans le plus grand désordre et si une attaque de nuit se produisait, ce serait un désastre.

Le 30, à 7 heures du soir, nous recevons enfin des instructions précises. Nous devons tenir à Bois-Commun, coûte que coûte, pour assurer la liaison entre le quinzième et le vingtième corps.

Vers huit heures, une reconnaissance effectuée par le capitaine adjudant-major Baratte revient avec un lancier tué. D'où venaient ces lanciers? Mystère!

On porte le corps dans l'église et on l'étend sur un brancard d'ambulance où nous allons le contempler. C'est le premier cadavre que nous voyons et je regarde avec une certaine émotion sa face exsangue, ses yeux qui sont restés grands ouverts et la blessure qu'il a reçue en plein front, d'où coule un filet de sang à moitié coagulé. Ses traits sont calmes et comme spiritualisés par la majesté de la mort.

A midi, les premier et deuxième bataillons prennent enfin les armes et, se couvrant par une ligne de tirailleurs, se portent en avant du village, à cheval sur les routes de Batilly et de Beaune-la-Rolande.

Ma compagnie est placée en arrière de la ferme du Gros Orme que j'occupe avec ma section. Devant moi, à trois cents mètres à peine, un petit bois me paraît garni d'une ligne épaisse de tirailleurs et au delà, j'aperçois des masses sombres en mouvement vers l'Ouest. Je fais créneler immédiatement le toit du bâtiment principal et j'y établis la moitié de ma section pendant que l'autre garnit les clôtures du verger ; puis, couvert par des éclaireurs, j'attends les événements.

Énervé par le silence de l'ennemi, je me

décide au bout d'un certain temps à diriger quelques feux de salve sur la lisière du bois. Pas de riposte ! Un officier sort du fourré et s'avance en se dissimulant de son mieux, sur un chemin légèrement encaissé, qui vient aboutir sur ma gauche. De temps en temps, il se redresse avec précaution et cherche à reconnaître avec sa jumelle les forces qu'il a devant lui. Alors je prends un chassepot des mains d'un zouave, et après avoir visé lentement, je presse la détente.

Quand la fumée du coup est dissipée, je distingue l'homme qui est étendu sur le sol et qui essaie maintenant de se relever.

Le malheureux a dû être atteint dans un lobe du cerveau parce qu'il se dresse, bat l'air de ses mains étendues et retombe lourdement après avoir tournoyé plusieurs fois sur lui-même, ainsi qu'il arrive à des perdreaux blessés à la tête. Je suis ému de pitié et pour abréger ses souffrances, je lui tire un nouveau coup de fusil ; je le manque. Je lui envoie une troisième balle ; il s'écroule comme une masse et ne remue plus.

Chose singulière, personne n'a bougé du côté de l'ennemi, pas un coup de fusil n'est parti de cette ligne de tirailleurs qui a évidemment l'ordre de ne pas tirer : ce silence est exaspérant et finit par m'inquiéter. Alors je me décide subitement à aller, sottement, en véritable gamin de vingt-deux ans, provoquer ces gens qui ont assisté impassibles à la mort de leur officier et qui s'obstinent à observer leur consigne.

Je m'avance hardiment jusqu'à mi-chemin du bois, accompagné seulement du caporal Reverchon, vieillard de soixante ans qui s'est engagé pour la durée de la guerre, et là, tel un héros de l'Iliade ou un Gaulois venant insulter les légionnaires de César, j'interpelle les Prussiens en un langage énergique :

— Schmûtzhammeln! Schweinkopfen! Schiessen doch! (Tirez donc, salauds, têtes de porcs)!

Je vois distinctement les tirailleurs qui me regardent ahuris et les officiers qui rient et se demandent probablement s'ils n'ont pas affaire à un fou, lorsque je m'entends appeler avec de grands cris furieux. C'est le capitaine Sabail qui m'intime l'ordre de revenir, ce que je fais sans être inquiété !

Oh ! puissance de la discipline ! Pas un Prussien n'a tiré ! Mettez des soldats français à leur place, les fusils seraient partis tout seuls, malgré la consigne, et je n'écrirais pas aujourd'hui ces souvenirs de ma jeunesse.

Quand je reviens à la ferme, je suis accueilli par ces brèves paroles :

— Lieutenant Bruneau, vous garderez les arrêts huit jours pour cette sotte équipée ! Votre place est à la tête de votre section, ne l'oubliez plus !

Je regagne mon poste l'oreille basse et reconnaissant dans mon for intérieur que mon capitaine a raison.

Ce sont mes premiers arrêts et aussi les derniers infligés par cet excellent officier, qui sera tué trois jours après au moment où il allait passer chef de bataillon.

Ils sont mérités certes, mais après tout pas déshonorants et mes zouaves, fils de Gaulois, eux aussi, ont pour moi, à dater de ce jour-là, une estime singulière, ce qui est absurde, mais bien français.

La journée se passe ainsi dans l'inaction ; et je reste sur place pendant la nuit, couvert par une ligne de sentinelles. Cependant à dix heures nous recevons l'ordre de nous replier à l'Ouest, d'abord par Nibelles et ensuite au Sud vers Nesplois, où nous arrivons à une heure du matin.

C'est le 1er décembre. Le froid est venu subitement, très vif ; le thermomètre marque 7 degrés au-dessous de zéro. La nuit est claire et le ciel resplendit de millions d'étoiles d'où tombe une pâle clarté sur les plaines glacées et sur les bois tout enguirlandés de dentelles de givre.

Nous bivouaquons dans un champ labouré, dont les sillons devenus durs ainsi que du granit, pénètrent comme les coins du bourreau dans mes côtes endolories, et nous dormons ainsi jusqu'au jour.

Une agréable surprise nous attend au réveil. Pour la première fois depuis Chevilly, c'est-à-dire depuis huit jours, on nous fait une distribution de pain et dès qu'elle est terminée, nous repartons vers le Nord après avoir fait cette pointe inutile au Sud. Par Nancray et Chambon nous allons occuper l'extrémité Nord-Est de la forêt d'Orléans.

Le froid devient intolérable. Des chevaux épuisés de fatigue s'abattent soudain et sont gelés en quelques instants. Une nuée de zouaves affamés se précipitent sur les corps raidis et y enlèvent de longues tranches de chair qu'ils font cuire ensuite avec des navets arrachés à un champ voisin. Nos ordonnances de leur côté ne sont pas restés inactifs et ont battu les fermes des environs pour se procurer quelques vivres, mais ils ne ramènent qu'une jeune fille un peu naïve qui les a accompagnés dans l'espoir ingénu de blanchir le linge des officiers. Aussi, en fin de compte, nous sommes bien heureux d'avoir recours aux biftecks de cheval.

Le 2 décembre au matin, nous repartons pour Courcy, faisant ainsi en sens inverse la route du début et là, nous campons dans un grand pré gelé, où, grâce à une copieuse distribution de bois et de paille, nous passons enfin une nuit supportable.

Dans l'après-midi, nous apprenons, par un magnifique ordre du jour, que Paris, dans un sublime effort de courage, a rompu les lignes prussiennes et que le général Ducrot, à la tête de son armée, accourt à notre rencontre à travers la forêt de Fontainebleau !

La soirée se passe en distributions de toute nature faites avec une libéralité qui m'inspire de la méfiance, car il me paraît qu'on serait moins prodigue, si on avait l'intention bien arrêtée de marcher en avant, ainsi que cet ordre l'annonce à grand fracas.

VI

COUPS DE FUSIL ET COUPS DE CANON

Le 3 décembre, jour néfaste dans mes souvenirs, nous partons à cinq heures du matin dans une obscurité profonde où s'égarent quelques compagnies qui ne rejoindront qu'au lever du soleil.

De gros flocons de neige tombent lentement et le sol est déjà recouvert d'un léger tapis d'une blancheur immaculée, lorsque nous arrivons à Chilleurs-aux-Bois.

Après avoir dépassé le village, on nous arrête sur la route de Pithiviers, à mi-chemin de Santeau, et on nous fait aussitôt une distribution de cartouches, pendant que le bataillon d'infanterie de marine, avec lequel nous faisons brigade, nous dépasse et va occuper cette petite localité où notre artillerie a déjà pris position.

Le combat est imminent. Ordre est donné de renverser les marmites et de nous porter vers une légère ondulation de terrain couronnée par un grand moulin de bois. Sur la droite on aperçoit une grande ferme. Déjà le canon gronde vers Santeau et, de temps en temps, nous percevons des crépitements caractéristiques : ce sont nos mitrailleuses qui entrent en action et justifient le surnom d'« arrosoirs du Diable » que leur ont donné les Allemands.

De petits flocons de fumée se détachant en blanc pur sur le ciel gris apparaissent de plus en plus nombreux au-dessus des maisons du village, et tout à coup des gerbes de flamme jaillissent des toitures défoncées par les obus ennemis.

A ce moment, un commandement retentit et nous nous formons aussitôt en avant en bataille.

Entre temps, sur notre droite, des groupes en désordre sortent d'un bois ; ce sont des moblots qui battent en retraite et découvrent ainsi notre flanc.

Le lieutenant-colonel a disparu.

Nous saurons plus tard que cet ancien officier d'ordonnance de Pélissier, qui a dû être dans sa jeunesse un homme énergique, mais qui est maintenant alourdi par l'âge et déprimé par les fatigues des jours précédents, vient d'être pris de coliques symptomatiques et est resté près de Chilleurs-aux-Bois. De ce fait mon chef de bataillon, le commandant Lemoing, tué glorieusement plus tard au second siège de Paris, a pris le commandement du régiment, et mon capitaine celui du bataillon. Je prends donc à mon tour celui de ma compagnie et je reçois l'ordre d'occuper la ferme dont il est question plus haut avec la 3ᵉ compagnie dont le capitaine a été récemment évacué sur l'ambulance. Celle-ci s'établit dans les tranchées-abris qui ont été creusées avant notre arrivée un peu en avant et sur les côtés de la ferme, ma compagnie dans les bâtiments de l'exploitation, en soutien et sous les ordres directs de mon sous-lieutenant Thévenot.

4.

Plus en avant encore, et sur ma droite, mon camarade Ferriol, qui commande la 4ᵉ compagnie dont le capitaine a été détaché aux éclaireurs, occupe une position avancée et couvre le régiment du côté des bois.

Une seconde fois, nous voyons une ligne obscure en sortir et nous croyons d'abord que ce sont les Prussiens. Nous nous apprêtons à ouvrir le feu quand je reconnais à temps des chasseurs à pied qui s'écoulent à leur tour vers Chilleurs.

En jetant un coup d'œil sur ma gauche, où le 2ᵉ bataillon est venu prolonger notre ligne, je m'aperçois qu'il bat en retraite sur le troisième qui forme la réserve du régiment, à 500 mètres en arrière. Plus de doute : la division Martin des Pallières se retire devant le 3ᵉ corps prussien et on a oublié de nous prévenir de ce mouvement de recul sur la forêt d'Orléans.

Déjà l'infanterie de marine a évacué Santeau et arrive à notre hauteur, sa droite à la grande route.

Les « Marsouins » se retirent pas à pas sous

un feu d'artillerie épouvantable qui ne fait heureusement pas grand mal sur leur ligne de tirailleurs largement espacés.

De temps en temps, ils font demi-tour et ripostent vigoureusement, puis repartent en ordre parfait.

Bientôt je reste seul sur le champ de bataille avec mes deux compagnies et la 4e placée ainsi que je l'ai dit plus haut un peu en avant et sur ma droite.

Mon devoir m'apparaît très net. Mon capitaine m'a chargé de défendre la ferme ; je resterai là tant qu'il ne m'aura pas envoyé l'ordre de reculer, et s'il faut nous sacrifier pour le salut des autres, eh bien ! allons-y gaiement !

Toute l'artillerie du 3e corps allemand est venue maintenant prendre position à l'Est de Santeau et concentre son feu sur la position où je tiens bon et sur celle occupée par mon camarade Ferriol. Nos trois compagnies tirent avec rage sur les lignes de l'infanterie prussienne qui avancent lentement sous l'appui de son canon. Soudain un roulement sourd se fait entendre et une batterie de quatre arrivant au galop vient se placer à ma droite. Le jeune lieutenant qui la commande excite bientôt mon admiration. Impassible sur son cheval sous la pluie d'obus qui l'accueille aussitôt, il donne ses ordres d'une voix aussi assurée qu'à la manœuvre; faisant remplacer successivement les chevaux tués, changer les roues brisées et, par son calme et son sang-froid, maintenant tout son monde dans le devoir.

Tout à coup, une horrible explosion déchire l'air et jette un désordre inexprimable dans la batterie.

Un caisson vient de sauter et un fragment de jambe humaine, auquel adhère le cuir de la basane, s'écrase à mes pieds avec un bruit mat :

— Amenez les avant-trains ! commande le lieutenant.

Il y a un mouvement angoissant; les chevaux se cabrent et se renversent sur les pièces, les traits s'enchevêtrent et se rompent.

Au bout de quelques minutes qui me paraissent terriblement longues, la batterie fait demi-tour et part à toute allure, laissant sur le terrain un monceau de cadavres d'hommes et de chevaux.

Elle disparaît à peine qu'un zouave accouru de la compagnie Ferriol, m'apprend que mon capitaine vient d'être tué à quelques pas de mon camarade, quelques secondes après lui avoir donné ses instructions d'une voix aussi calme que celle avec laquelle il m'avait mis aux arrêts trois jours avant. Cet homme était véritablement de bronze et plus tard je le pleurai sincèrement.

Mais pour le moment j'ai bien autre chose à faire.

La malheureuse ferme sert maintenant d'objectif aux soixante-quatre pièces de l'artillerie du 3ᵉ corps prussien; les obus éclatent avec un bruit épouvantable et font voler des gerbes de pierres et de tuiles, presque aussi meurtriers que des projectiles. Soudain j'entends une sourde détonation dans le bâtiment principal et des cris déchirants dominent un instant le fracas des explosions.

Je pénètre aussitôt à l'intérieur et je recule terrifié par ce que je viens de voir.

Un obus est entré dans la grande salle occupée par une demi-section qui tiraille derrière des créneaux improvisés et a éclaté dans cet espace clos en y faisant d'épouvantables ravages.

Les fragments ont ricoché sur les murs et littéralement fauché les défenseurs. Les morts et les mourants gisent pêle-mêle et près de la porte d'entrée, je découvre le corps de leur chef qui a la tête enlevée par le culot. Il ne reste que la mâchoire inférieure où dans un flot de sang luit l'émail des dents.

Je sors à la hâte et me porte sur la ligne des tranchées-abris, où la 3e compagnie tire avec acharnement sur les Allemands qui ne sont plus qu'à 300 mètres de nous et manœuvrent déjà pour nous envelopper.

La compagnie Ferriol, débordée et menacée par des forces supérieures, bat en retraite sur ma droite. Il est temps de se retirer, car si je reste plus longtemps je ferai prendre inutilement les quelque deux cents hommes qui me restent, et je donne rapidement mes ordres.

D'instinct, car il n'y a, à ce sujet, aucune indication dans le règlement de cette époque, je romps par échelons. La 3ᵉ compagnie recule la première et va prendre position à 300 mètres en arrière sous la protection de la première, qui tient bon jusque-là dans les bâtiments de la ferme ; puis à mon tour, je me porte lestement à 300 mètres en arrière de la 3ᵉ, et c'est ainsi que d'échelon en échelon, sous une pluie de fonte, je finis par atteindre l'entrée de la forêt d'Orléans où notre artillerie a pris position pour couvrir notre retraite sous bois.

Pendant cette marche en échelons, par un hasard extraordinaire, un obus passe juste dans l'étroit espace entre ma jambe et le fourreau de mon sabre sur lequel il laisse l'empreinte très nette des anneaux de plomb qui entouraient à cette époque la partie inférieure des projectiles allemands. A quoi tient la destinée ? Un pas plus à gauche, j'avais la jambe enlevée, trois ou quatre pas plus en avant, j'étais broyé par l'explosion. Un Arabe aurait crié : « Mektoub » ! C'est écrit !

Une fois engagés sur la route, nous rencontrons un pauvre curé de village qui transporte sur une petite charrette, traînée par un âne, un zouave blessé dont le bras droit déchiqueté par un obus pend lamentablement le long du corps. Il est arrêté devant une coupure de la route qu'il ne peut franchir, et profite de cette halte forcée pour lui parler du ciel, mais sans grand succès, car le malheureux, grelottant de fièvre et de froid, geint d'une voix lamentable.

— Je souffre trop, monsieur le curé, et puis, j'ai trop froid !

Mon camarade Ferriol le couvre d'une toile de tente et il commence d'un air résigné à écouter le prêtre ; lorsque survient le général des Pallières, qui, d'un ton sec, et qui nous déplaît, invite le curé à débarrasser la route.

Cet ordre impérieux exaspère les zouaves, et en un clin d'œil, le petit attelage est porté à bout de bras de l'autre côté de l'obstacle, tandis que mes hommes crient d'un air joyeux au prêtre :

— Et maintenant, monsieur le curé, continuez votre chemin !

C'est le troisième rencontré dans notre retraite, soignant et réconfortant nos blessés. Par contre, pas un médecin, pas un infirmier, pas un cacolet, pas une voiture d'ambulance sur le champ de bataille !

Pendant ce temps, les obus allemands nous escortent jusqu'à la nuit tombante, faisant encore quelques victimes. A un tournant de route, apparaît notre lieutenant-colonel désormais guéri. Il nous croyait pris et m'interpelle d'une voix mal assurée :

— Et votre capitaine, où est-il?

— Mort!

— Oh ! fait-il, comme si le remords venait soudain de l'étreindre en voyant ma compagnie si réduite :

— Où est votre deuxième section? ajoute-t-il.

— C'est tout ce qui reste de ma compagnie, mon colonel !

Il fait un grand geste et disparaît dans la nuit.

Je ne le reverrai plus qu'à Orléans. Un mois après on le nommera colonel à la légion étrangère, sans doute pour récompenser son éclatante bravoure. Il est vrai que dans son rapport sur le combat de Chilleurs, il eut soin de ne pas s'oublier et qu'il s'y donna naturellement le plus beau rôle. C'était de plus un méchant homme et il se vengea du mépris qu'il nous avait inspiré par une abominable calomnie, car au général Martin des Pallières qui l'interrogeait sur la part que son régiment avait prise à la bataille, il répondit avec un aplomb imperturbable :

— Ces cochons de zouaves! Je n'en ai trouvé que quatre qui ont voulu m'accompagner lorsque je me suis porté en avant! J'en ai ressenti une telle indignation que j'ai eu un coup de sang et que je me suis trouvé mal dans un fossé!

Et voilà comment on écrit l'histoire! Ouvrez un livre quelconque sur l'armée de la Loire, officiel ou non, et vous y verrez que les 30.000 hommes de Martin des Pallières n'opposèrent qu'une faible résistance, au 3e corps prussien, alors que dans la réalité le combat ne fut soutenu que par 9 bataillons, 18 canons et 6 mitrailleuses, contre les 25 bataillons et les 144 pièces de Frédéric-Charles.

Peut-être serait-il plus exact de dire que le général Martin des Pallières ne justifia pas le choix qu'on avait fait de lui pour commander cette belle division. Il montra constamment une indécision regrettable et ce jour-là, comme au soir de Coulmiers, il craignit de s'engager à fond, perdant cette fois encore une occasion superbe de fixer la victoire.

Pour ma part, ma compagnie avait en tués, blessés ou disparus, la moitié de son effectif hors de combat et était réduite de 181 hommes à 95.

. . . .

Enfin, vers huit heures du soir nous arrivons à Saint-Lye, que l'on nous a assigné comme cantonnement afin de dégager la grande route d'Orléans. Pour nous reposer de cette rude journée, nous prenons les avant-postes. Il paraît que c'est le tour du 1er bataillon, mais nous n'avons pas de chance, car c'est nous, les plus éprouvés, qui allons veiller sur le sommeil de ceux qui ont été à peine engagés!

VII

EN GRAND'GARDE

Le soir du combat de Chilleurs, nous sommes au contact de l'ennemi. De part et d'autre, nous nous sommes arrêtés, épuisés de fatigue vers 8 heures du soir et je prends la grand'garde au nord du village, dans une ferme située à 800 mètres du bivouac, sur la route de Trinay, au lieu dit « La Fontaine ».

Comme toujours je n'ai reçu aucune indication précise sur le dispositif général des avant-postes et il y a pour cela une excellente raison, c'est qu'à l'exception des généraux et des chefs de corps, personne ne possède de carte et encore je ne suis pas certain que les colonels en soient pourvus.

Ainsi dans notre propre pays, alors que nous possédons l'admirable carte d'état-major, on n'a pas trouvé le moyen d'en munir au moins les officiers supérieurs. J'ai fait, pour mon compte, toute la campagne de la Loire, avec une carte routière que j'ai achetée à Nevers, et sur laquelle sont marqués seulement les localités importantes et les chemins classés. Telle qu'elle est et malgré sa petite échelle, elle me permet au moins de me rendre compte de l'ensemble de nos mouvements.

D'habitude l'adjudant-major accompagne les compagnies de grand'garde sur un chemin où on n'y voit goutte, parce que battant en retraite, on arrive presque toujours de nuit à l'étape. A un certain moment il nous arrête et, d'un geste vague, il se contente de nous dire :

— Vous vous garderez par là !

Il va ensuite placer les autres compagnies et on ne le revoit plus.

J'établis une réserve dans les bâtiments de la ferme et je me couvre par une ligne de sentinelles doubles, que je réussis tant bien que mal à relier avec celles de la compagnie voisine.

La nuit est extrêmement claire ; j'aperçois à quelques centaines de mètres la ligne des sentinelles prussiennes et je distingue nettement mon collègue allemand, le « Herr Hauptmann », qui fait son devoir comme moi je fais le mien, et rectifie leurs emplacements à voix basse.

Chose singulière, jamais dans de pareilles circonstances nous n'avons tiré les uns sur les autres. On se voyait cependant presque aussi bien qu'en plein jour ; mais chacun devait se tenir, *in petto*, ce raisonnement judicieux :

— Nous avons marché toute la journée, nous nous sommes battus en braves gens, mais maintenant, nous avons droit à un peu de repos. Si nous tirons, l'ennemi ripostera certainement et le combat recommencera au détriment des quelques heures de sommeil qui nous sont indispensables pour continuer à marcher demain.

Mon inspection terminée, je reviens à la ferme où je trouve mon sous-lieutenant en conversation animée avec un grand diable de cuirassier! Que signifiait sa présence à cette heure. Je questionne Thévenot qui avait été mon fourrier avant la guerre et qui était resté mon ami.

C'est un sien cousin. Sachant qu'il est sous-lieutenant au 1er zouaves de marche, il s'est informé de lui en passant à Saint-Lyé et l'a rejoint à la grand'garde. Il meurt de faim, lui aussi et comme nous avons pu trouver quelques provisions à La Fontaine, je l'invite à partager notre repas, que nous dévorons à la hâte, puis je préviens mon camarade que je veillerai pendant la première moitié de la nuit et qu'il me remplacera à son tour à trois heures du matin.

Sur ce, ils s'étendent tous deux sur une botte de paille, les pieds vers l'âtre, et un instant après ils dorment profondément.

Je sors, et pour ne pas succomber au sommeil je me décide à faire les cent pas devant la grange, où, sur le foin est couchée ma réserve. Le froid est devenu intense; et il faut que je marche continuellement pour ne pas céder à l'engourdissement.

Je songe mélancoliquement à mon capitaine et à mes pauvres soldats, qui là-bas, au delà de la ligne sombre des grands bois, montent eux aussi leur dernière grand'garde. Je les vois étendus rigides dans leur linceul de neige, les yeux grands ouverts sur le ciel implacable, et offrant en holocauste au Dieu irrité qui frappe si cruellement la France leurs corps déchiquetés et tordus par la mitraille des shrapnells.

Je pense aussi à toutes ces mères qui attendent en vain leur retour et ne les reverront plus que dans d'atroces cauchemars : *Bella matribus detestata !*

Et par un revirement subit, fuyant ces champs de carnage, ma pensée s'envole vers cette belle capitale de la Touraine où ces hommes qui ont assumé la lourde charge de sauver la patrie dictent en ce moment des ordres sans venir se rendre compte par eux-mêmes si les troupes sont en état de les exécuter ; ces ordres dans lesquels on nous reproche de fuir l'héroïque Ducrot cherchant à nous rejoindre « à travers un océan d'ennemis », où, ne connaissant pas l'esprit de l'armée, on lui parle un langage maladroit, où l'on vante le patriotisme de ces populations, qui raillent notre misère.

Certes, nul plus que moi ne rend hommage à leur ardent patriotisme, à leurs efforts surhumains pour galvaniser le pays et surtout au travail formidable sous lequel ils succombent, mais ils n'ont malheureusement pas compris qu'il est impossible de commander à distance, qu'il faut être sur place, pour satisfaire aux besoins, supprimer les abus et tâter le pouls à une armée afin d'être fixé sur ce qu'elle peut donner. Ils se défient de leurs forces, alors que leur prestige est immense. Ils ne se doutent pas que leur présence au milieu des soldats, dans certains moments critiques, décuplerait les forces morales, qui seules gagnent les batailles.

Et alors, j'évoque en opposition la vision des grands ancêtres, des représentants du peuple aux armées, qui eux, accompagnaient les troupes, les enflammaient par leurs harangues, pourvoyaient à tous les besoins et, ceints de leur écharpe tricolore, le chapeau à plumes au bout de leur épée, marchaient en tête des colonnes et montaient à l'assaut des retranchements de Wattignies ou du Boulou !

Puis, m'arrachant à ce rêve intérieur, je promène mes regards tout autour de moi. La mystérieuse clarté de la lune prête aux objets éloignés des formes fantastiques et, sous leur épaisse couche de givre, les arbres aux troncs et aux bras obscurs, apparaissent comme des fantômes revêtus de leur suaire.

Dans la vaste plaine, tout inondée d'une lumière bleuâtre, règne un silence impressionnant, troublé seulement à intervalles réguliers par le cri de l'orfraie qui semble pleurer mes morts.

De temps en temps, une quinte de toux secoue d'un bout à l'autre la ligne de mes sentinelles et soudain, comme un écho, j'entends derrière moi le malheureux factionnaire aux faisceaux dont la poitrine résonne comme un tambour.

Vers deux heures du matin, je me décide à aller faire une ronde, afin de m'assurer qu'il n'y a personne d'endormi. Je chemine lentement, m'arrêtant de loin en loin pour donner le mot et observer les Prussiens dont la pointe brillante des Pickelhauben accroche par instants un rayon de la lune. Tout à coup mon attention est attirée par un groupe de deux zouaves dont l'un est adossé contre un arbre, tandis que son camarade de faction est étendu à ses pieds. Surpris de ne pas entendre de « Qui vive ? », je m'approche d'abord du dormeur que je pousse vigoureusement et qui en me reconnaissant se lève terrifié et se met à implorer mon pardon ; puis je marche sur le factionnaire toujours muet et, le prenant par le bras, je lui dis à mi-voix d'un ton irrité :

— Pourquoi ne m'avez-vous pas arrêté ?

Pas de réponse !

— Vous dormez vous aussi !

En même temps je le secoue vigoureusement.

Ainsi qu'une poutre placée en équilibre contre un mur et qu'on vient à ébranler, l'homme tombe tout d'une pièce avec un bruit sourd.

Je recule épouvanté, la mort a fait son œuvre !

Je me dirige aussitôt vers la grand'garde pour

le faire remplacer, mais en y arrivant je vois accourir un zouave qui était allé chercher de l'eau au village pour faire le café et qui, tout effaré, m'apprend que Saint-Lye est évacué.

Les feux du bivouac brûlent encore et le régiment est parti sans que personne ait songé à me prévenir. J'envoie alors sur ma droite vérifier si la compagnie de grand'garde voisine est encore là, mais il n'y a plus personne. Plus heureux que moi, on les a avertis et je reste seul en face de toute la ligne des avant-postes allemands, qui, harassés de fatigue eux aussi, ne se sont heureusement aperçus de rien.

Adieu les quelques heures de sommeil réparateur que je me promettais de prendre à mon tour! Il faut déguerpir au plus vite.

Mon camarade réveillé, je le mets rapidement au courant de la situation, pendant que mon sergent-major va prévenir successivement et avec précaution toutes les sentinelles, après avoir donné l'alerte à la réserve.

A un signal convenu, toute la ligne converge sur la ferme et, quelques minutes plus tard, je reprends la route d'Orléans, couvert par une escouade et un cuirassier.

Mon mouvement exécuté sur un sol feutré par la neige s'opère dans le plus grand silence et ce n'est qu'au point du jour que les Allemands s'aperçoivent qu'ils ont perdu une belle occasion d'enlever une compagnie tout entière.

Je marche tout le reste de la nuit et à 7 heures du matin, je suis assez heureux pour faire ma jonction avec l'arrière-garde de mon régiment, dont la tête entre en ce moment à Orléans.

VIII

LE SUPPLICE DU SOMMEIL

Le peuple le plus expert en l'art des supplices, les Carthaginois, voulant se venger du consul Régulus, qui, prisonnier sur parole, avait combattu devant le sénat de Rome leurs propositions de paix, choisit entre tous les raffinements de la plus subtile cruauté : la privation de sommeil !

On le condamna d'abord à la lumière perpétuelle en lui coupant les paupières et, comme à la longue on s'habitue à tout, même à dormir les yeux ouverts, on l'enferma dans une cage de fer, où, chaque fois que l'invincible sommeil allait triompher de l'ingéniosité de ses bourreaux, il sentait pénétrer dans sa chair pantelante les pointes acérées dont elle était hérissée de toutes parts.

C'est une épouvantable souffrance que l'insomnie poussée au delà de certaines limites, et le récit qui va suivre montrera jusqu'à quel point une troupe peut être soumise, dans certaines circonstances de guerre, à cette torture lente de la privation de sommeil.

Revenons maintenant au 4 décembre. Ma compagnie, oubliée en grand'garde à Saint-Lyé, a marché toute la nuit pour rejoindre la queue de la division et, en arrivant à Orléans, s'est installée au bivouac sur la place du Mail.

L'évacuation de la ville est décidée ; mais, afin de permettre à l'immense convoi qui bat en retraite de franchir les ponts de la Loire et, aussi, à la foule des fuyards qui débouchent sur le quai de s'écouler sur la rive gauche, le général d'Aurelles de Paladines a chargé le général Martin des Pallières, promu commandant du 15⁰ corps d'armée, de couvrir, avec ce qu'il pourra réunir de ses trois divisions, les abords du chemin de fer et l'entrée des faubourgs de la ville.

Notre 3ᵉ bataillon, faiblement engagé à Chilleurs, est envoyé à la garde des tranchées qui protègent les batteries des grosses pièces de marine et là, sous l'énergique direction du capitaine de vaisseau Ribourt, il résiste héroïquement jusqu'à dix heures du soir. Une convention est signée avec le prince Frédéric-Charles et les Prussiens ne doivent pénétrer dans Orléans qu'à onze heures et demie. Les marins enclouent leurs pièces et se retirent lestement, mais, en dépit de tous les avis du préfet, qui fait passer des agents dans les cafés, hôtels et cabarets de la ville, plus de douze mille traînards avec un certain nombre d'officiers s'obstinent à rester et deviennent la proie du vainqueur.

Cette retraite précipitée amène malheureusement, aussi, la reddition d'une force organisée.

Trois compagnies de ce 3ᵉ bataillon, égarées dans les rues, sont cernées sur la place du Martroy et subissent l'horrible humiliation de se rendre aux Prussiens devant la statue de l'héroïque Pucelle.

Comment ne s'est-il pas trouvé là un chef résolu à sacrifier sa vie pour lui épargner cette honte! Ce geste eut été sublime et les zouaves, morts aux pieds de Jeanne d'Arc, auraient ajouté une page immortelle à leur glorieuse histoire.

Nous recevons à dix heures l'ordre de franchir le pont du chemin de fer avec les 1er et 2e bataillons et nous commençons la désastreuse retraite sur Bourges, pendant que derrière nous la ville s'emplit de régiments prussiens.

On devait faire sauter les ponts, mais, chose incroyable, les colonels commandant le génie et le parc d'artillerie n'ont pas d'explosifs et se rejettent l'un sur l'autre leur imprévoyance. Ils rendent compte au général en chef qu'ils ne peuvent se procurer les cinq à six cents kilos de poudre nécessaires pour en opérer la destruction. C'est ainsi qu'au lieu de nous retirer tranquillement sur le Berry, nous serons harcelés sans cesse et poursuivis par les obus allemands jusqu'à Vierzon.

Et ici, j'essaie de compter les heures de repos, depuis le 23 novembre, jour où nous avons quitté Chevilly.

Ma compagnie a marché les nuits du 23 au 24, du 28 au 29, et du 30 au 1er décembre, et, à l'exception des trois nuits du 26 au 28 et du 2 au 3 décembre, mes hommes n'ont pu dormir que quelques heures, en dix jours, sur le revers des fossés, dans la boue ou la neige des bivouacs.

Le 3 décembre, après le combat de Chilleurs, elle a pris encore la grand'garde et rejoint Orléans avant la fin de la nuit.

La journée du 4 s'est passée en distributions de toute nature, et nous repartons, le soir, à 10 heures, pour arriver le 5 à Saint-Cyr-en-Val à 3 heures du matin.

Quelques heures après, nous nous remettons en marche pour Lamothe-Beuvron où nous bivouaquons à la nuit noire et où elle est encore de grand'garde par un froid terrible de 18 degrés au-dessous de zéro.

Dans la brigade trente hommes meurent gelés.

Le 6, nous nous portons sur Salbris, talonnés par les Prussiens, et, par une marche de nuit, nous gagnons Aubigny, où tout le monde étant exténué on nous laisse enfin reposer les 7 et 8 décembre.

Ainsi, du 23 novembre au 7 décembre, pendant deux semaines, à part deux jours de repos à Loury, nous avons marché constamment, le plus souvent de nuit, et dormi en moyenne trois heures sur vingt-quatre.

Pour ma part, je suis resté sans fermer l'œil un seul instant, du 3 décembre au matin, jusqu'au 6 à cinq heures du soir, et en arrivant à Salbris, je tombe comme une masse sur la place où nous nous sommes arrêtés.

Un zouave a pitié de moi et, sans que je m'en aperçoive, me recouvre avec sa pèlerine de gros drap bleu et là, je dors comme une brute, indifférent aux explosions des obus prussiens qui tombent tout autour de moi.

Il faut me secouer à tour de bras pour me faire revenir au sentiment des réalités; mais j'ai dormi deux heures et j'ai repris toute mon énergie.

Ah ! cette marche en retraite d'Orléans jusqu'à Salbris sur le ballast de la voie ferrée !

Les hommes butent contre les cailloux ou contre les traverses, glissent sur les rails recouverts de givre. La colonne s'allonge et on s'arrête à chaque instant pour permettre aux traînards de rejoindre.

Dans une de ces haltes, je m'assieds à la queue de ma compagnie derrière laquelle je marche comme un chien de berger qui fait serrer son troupeau. Adossé contre le talus du remblai, je m'assoupis un instant. Peu à peu, je suis pris d'une torpeur invincible et je fais de vains efforts pour résister au sommeil qui s'empare de tout mon être.

Un bien-être inexprimable a raison de l'ultime révolte de ma volonté. Je sais que c'est la mort qui vient, mais elle m'apparaît si douce que je ne lutte plus.

J'ai un talon dénudé, et j'ai dû, les jours précédents, couper ma chaussure par derrière pour pouvoir marcher quand même. Je l'ai transformée, ainsi, en une sorte de savate dont le cuir ne frotte plus contre la plaie... Quelques instants auparavant, je sentais les tiraillements de mon estomac, la lassitude de mes membres rompus par la fatigue.

Toutes ces misères sont oubliées.

Je me sens ravi dans un océan de délices. Mon âme a dû quitter mon misérable corps et doit être emportée, comme dans un tourbillon, vers un monde de lumière où de radieuses apparitions me tendent les bras et m'appellent d'une voix caressante, cependant qu'une musique céleste remplit l'immensité d'étranges harmonies. J'ai donc quitté cette terre inhumaine où je souffrais tout à l'heure si cruellement ; je monte toujours, je suis heureux !

Mais quelle est cette atroce sensation de froid qui me saisit ? Qui donc me secoue aussi douloureusement ?

J'ouvre péniblement les yeux ; un homme, penché sur moi, me frotte énergiquement le visage avec de la neige.

C'est un zouave de ma compagnie, un de mes traînards, qui m'a reconnu au passage, et qui, me voyant inerte au revers du talus, s'efforce de m'empêcher de mourir.

Je reprends peu à peu conscience de ma situation et je retrouve assez de force pour rattraper, une heure après, la queue de la colonne où personne ne s'était aperçu de ma disparition.

Combien de malheureux sont restés ainsi sur les routes de la retraite qui auraient pu être sauvés par une intervention opportune ? Hélas ! dans cette horrible débâcle, toute pitié a disparu, chaque soldat ne pense qu'à lui, n'a qu'une idée fixe : arriver à l'étape pour ne pas mourir. Tout effort qui ne tend pas à ce but amoindrirait ce qui lui reste encore d'énergie physique et diminuerait les chances de succès dans cette terrible lutte pour la vie. Un égoïsme féroce étouffe toute pitié, et si je viens d'échapper à une mort certaine, c'est que j'ai l'affection de mes soldats qui ne m'ont jamais abandonné dans les plus terribles circonstances.

IX

COMME EN 1812! MARCHER OU MOURIR!

Du 7 décembre au 4 janvier, nous errons à travers les plaines et les coteaux du Berry, d'Aubigny à la forêt de Vierzon, en décrivant un cercle presque complet par Henrichemont, Bourges, et Mehun, piétinant sur place, avançant ou reculant sans qu'aucune idée stratégique préside à ces mouvements incohérents, usant nos derniers souliers et ne recevant en remplacement que des pointures pour des nains ou pour des géants. Il faut marcher pourtant, car la plaine est glacée, les populations inhumaines ou indifférentes à nos misères, et pour celui qui reste derrière, c'est la mort! On a vu alors ce qu'on ne verra plus jamais, je l'espère : des zouaves en sabots !

J'en ai acheté tout un stock en passant dans un village et ma compagnie dans cet accoutrement, moitié oriental, moitié champêtre, s'avance fièrement, dédaigneuse des éclats de rire et des quolibets des autres corps. Nous faisons un bruit de tous les diables et, de loin, on dirait le roulement d'une masse d'artillerie.

Quelques hommes qui n'ont pu s'habituer à cette lourde et incommode chaussure, et qui n'ont plus de souliers, ont enveloppé leurs pieds meurtris dans des lambeaux de chemise et laissent à chaque pas dans la neige une empreinte sanglante.

Et l'on marche sans cesse, et l'on marche toujours dans le même sinistre décor.

Autour de nous la plaine couverte de neige s'étend à perte de vue. Çà et là, comme des traits noirs les haies apparaissent sur la blancheur immaculée des premiers plans et, de place en place, un clocher surgit des toits qui semblent enfouis sous une avalanche et qui se révèlent seulement par de minces colonnes de fumée montant en spirales grisâtres sur le firmament livide.

Les ormeaux et les peupliers qui bordent le chemin sont parés de cristaux étincelants de givre, tels des arbres de Noël, au feuillage saupoudré de poudre de mica. Mais où sont la dinde aux marrons et les gâteaux dorés, la tiède atmosphère du foyer paternel, et les êtres chéris, qui peut-être derrière les vitres embuées regardent en ce moment la neige tomber à gros flocons et soupirent en pensant à l'absent !

Sur le verglas de la chaussée la marche devient de plus en plus pénible. Des cavaliers traînent par la bride leurs montures efflanquées qui, n'étant pas ferrées à glace, glissent à chaque instant des quatre pieds. De loin en loin un cadavre de cheval gît sur le côté de la route, les membres raidis dans les brancards d'une voiture de réquisition dont quelques débris de caisses brisées accusent le récent pillage.

Nous marchons lentement, la neige pulvérulente crisse sous nos pas et le bruit sourd de ce piétinement monotone n'est interrompu que par les croassements lugubres des bandes de corbeaux qui tournoient au-dessus de nos têtes et semblent attendre impatiemment leur proie.

Et voici qu'un loustic entonne la fameuse ballade :

> Ils sont là-bas qui dorment dans la neige,
> Et le tambour ne les réveil'ra plus...

L'air est sinistre, le chanteur hâve et décharné. Br'r'ou ! j'ai encore plus froid et je lui impose silence.

J'éprouve aussitôt le besoin de réagir et d'une voix vibrante, j'attaque le premier couplet de la « Boiteuse ». Oh ! miracle ! Mes zouaves tout à l'heure affaissés donnent un coup de sac joyeux, tendent le jarret, bombent la poitrine et toute la compagnie reprend en chœur le refrain alerte et grivois. Je suis tranquille à présent, j'amènerai tout mon monde à l'étape.

Parallèlement à nous, sur les bas-côtés de la route et jusque dans les fossés, marche à la débandade la foule hétérogène des traînards de tous les corps de la division. Seuls, le 38ᵉ de ligne, le 1ᵉʳ zouaves de marche et le bataillon d'infanterie de marine ont conservé un ordre relatif et sont formés en colonne par quatre.

Il y a là pêle-mêle des moblots, des cavaliers démontés, des fantassins de tous les régiments et jusqu'à une escouade de turcos égarés qui sont accoutrés de la façon la plus pittoresque.

Ces fils du soleil, comme les a appelés Déroulède, souffrent horriblement du froid, et pour s'en garantir, n'ont trouvé rien de mieux que de se draper dans des rideaux à ramages, de couleur éclatante, arrachés aux fenêtres d'un château. Ils passent graves et silencieux, dans leur costume de mascarade, sanglés autant qu'ils ont pu dans leur ceinturon, élargi jusqu'au dernier cran. Eux aussi, gagnés par la contagion de l'exemple, commencent un de ces interminables airs arabes, sortes de mélopée plaintive, scandée à intervalles réguliers par les rauques aspirations de leur voix nasillarde et gutturale.

A la halte horaire, les hommes s'allongent

au revers d'un fossé. Les uns grignotent un morceau de biscuit, car malgré toutes les défenses faites, malgré les punitions les plus sévères, on entame ou on a mangé les vivres de réserve; les autres dorment, la tête sur leur sac, et sont bientôt recouverts d'un blanc manteau de neige qui fait disparaître tous les détails de l'uniforme.

Le hasard veut que, dans une de ces haltes, je m'arrête en face d'une maison de bonne apparence, où, par la porte entr'ouverte, j'aperçois un feu clair dans la cheminée.

Je suis à bout de forces; ma blessure au talon s'est envenimée et me donne la fièvre, et si je marche encore c'est par un miracle d'énergie.

Je m'avance tout grelottant et, m'adressant à une bonne femme qui est assise auprès du feu :

— Je suis malade, madame ! voulez-vous me permettre de me réchauffer un instant?

La vieille se lève comme une furie pour me barrer le chemin et d'un ton sec me fait cette stupéfiante réponse :

— Vous n'avez pas besoin d'entrer dans ma

maison ; vous serez aussi bien dehors que chez nous !

Je m'éloigne tristement et je vais m'asseoir sur le bord du fossé où je claque des dents, mais mes zouaves ont entendu, et tout d'un coup des cris de fureur et des imprécations partis de la ferme me font brusquement retourner.

Une vingtaine d'hommes ont couru à un tas de sarments placé sous un hangar et sont en train de les amonceler sur le bord de la route, au milieu des injures et des lamentations de la vieille harpie. Bientôt la flamme jaillit ; et l'un d'eux s'approchant de moi :

— Maintenant, chauffez-vous, mon lieutenant !

Et dire qu'une proclamation restée célèbre vantait le patriotisme de ces populations du centre de la France, qui devaient se lever comme un seul homme et anéantir sous leur feu les hordes de l'envahisseur !

Patriotes, les gens de Loury, qui répondaient par des « nichts » ironiques à mes zouaves affamés qui leur demandaient à acheter des vivres ? Patriote, ce propriétaire de Vierzon, qui nous réclama douze francs pour avoir hébergé une seule nuit un de nos camarades gravement malade? Patriotes, ces bons bourgeois de Bourges qui, malgré les ordres de Gambetta, refusèrent de nous cantonner, quand ils venaient, disait-on, d'offrir trois millions aux Prussiens pour ne pas occuper leur ville? Partout, hélas! nous ne rencontrons, sauf de rares exceptions, qu'égoïsme et indifférence, heureux lorsque nous ne sommes pas accueillis par une sourde hostilité.

Et quand à partir du 16 décembre, nous pourrons enfin cantonner, nous serons victimes d'une exploitation éhontée de la part de tous ces fermiers qui ne songeront qu'à spéculer sur notre misère.

Pendant cette pénible retraite, l'ordre de marche est invariable; ma compagnie, la première du premier, est toujours en tête et aussi la première au feu s'il faut combattre. On n'alterne jamais l'ordre des bataillons et des compagnies et il en sera ainsi jusqu'à la fin de la guerre.

Devant moi, la colonne sombre des « Marsouins » chemine dans un ordre parfait. Comment font donc leurs officiers pour maintenir ainsi la discipline dans un pareil moment ?

Je m'absorbe dans mes réflexions et je suis curieusement des yeux leur arrière-garde.

Il y a là, escortées par la garde de police, quelques voitures de réquisition chargées de malades et d'éclopés enfouis dans la paille. Deux hommes ferment la marche : le médecin-major et l'adjudant-major, celui-ci le revolver au poing.

Un traînard s'arrête. Le capitaine l'interpelle et le médecin l'examine rapidement. Puis, sur un ordre bref, on le hisse dans une voiture.

Un quart d'heure après, nouveau retardataire. Celui-ci refuse énergiquement de continuer. L'adjudant-major le fait déboîter de la route et le médecin l'ausculte rapidement, puis se retourne vers l'officier et lui dit quelque chose que je n'entends pas.

J'arrive enfin à leur hauteur et je perçois le dialogue suivant :

— En votre âme et conscience, docteur, cet homme peut-il marcher ?

— En mon âme et conscience, cet homme n'est pas malade et peut suivre.

— Veux-tu marcher! Une fois! Deux fois! Trois fois! Veux-tu marcher?

L'homme secoue la tête d'un air farouche, le capitaine lève le bras, une détonation retentit et le malheureux s'abat comme une masse pendant que les deux officiers regagnent au pas gymnastique la queue de leur bataillon où quelques marsouins se sont retournés d'un air craintif et le visage soudain blêmi.

Ces exécutions sommaires qu'autorise du reste le règlement sur le service en campagne, puisqu'il prescrit de forcer au besoin l'obéissance, se répètent jusqu'à cinq fois ce jour-là. Je comprends maintenant pourquoi le bataillon d'infanterie de marine reste la troupe la plus compacte au milieu de la désorganisation générale. Faut-il l'avouer? Ces moyens me répugnent et je préfère ma manière à moi, qui doit être la bonne puisque j'ai su garder ma compagnie dans la main jusqu'au dernier coup de fusil de la guerre.

. . . .

La nuit est venue sur ces entrefaites et nous marchons toujours.

Le spectacle de ces quelques régiments s'avançant en ordre à travers la multitude des trainards devient encore plus impressionnant et évoque le souvenir de la terrible retraite de Moscou. Tout autour de nous, c'est le blanc lumineux des vastes espaces couverts de neige et là-bas, à l'horizon, la ligne sombre des grands bois qui découpent leurs silhouettes sur le ciel blafard. La colonne s'allonge interminablement comme un colossal serpent dont le corps obscur suivrait toutes les sinuosités de la route. Dans ce paysage désolé, au milieu d'un silence redoutable, la bête monstrueuse déroule ses multiples anneaux et s'achemine péniblement vers un but invisible.

De temps en temps on perçoit le bruit lamentable des quintes de toux et les râles exténués des malheureux qui crachent leurs poumons, ou bien encore les imprécations irritées de ceux qui viennent, somnolents, buter contre le sac de leurs camarades, dans un de ces brusques arrêts si fréquents quand les troupes n'observent pas une rigoureuse discipline de marche.

C'est pour remédier à cette mésaventure que nous avons trouvé un moyen ingénieux de dormir en cheminant. Deux hommes s'entr'aident à cet effet ; pendant que l'un d'eux assure la direction et s'efforce de rester éveillé, l'autre, passant son bras sous celui de son camarade, se laisse aller au sommeil et poursuit son chemin d'une manière absolument inconsciente.

L'esprit est absent et cependant les muscles continuent à exécuter leurs fonctions par une sorte d'action réflexe. Mon sous-lieutenant alterne avec moi à chaque pause, et quand c'est mon tour de dormir, je marche comme un véritable automate, pendant qu'il me maintient en direction, à grand'peine du reste, car il est aussi petit que je suis grand.

Enfin, au détour du chemin on aperçoit soudain une lueur rougeâtre, c'est le bivouac, le bivouac meurtrier qu'on ne supprimera que sur un ordre formel du gouvernement de la Défense Nationale lorsque la retraite sera achevée.

A ce moment seulement, le cantonnement sera imposé aux populations réfractaires à tout sentiment de solidarité!

Cet ordre donné au début de la guerre eût peut-être changé les destins de la France, car l'armée de la Loire arrachée à la boue de la Beauce et à la neige de la Sologne, ayant gardé intactes sa force et son énergie, eût « bouté dehors » l'ennemi comme au temps de la bonne Lorraine!

X

EN CHEMIN DE FER DE VIERZON A LA FRONTIÈRE SUISSE

Le 3 janvier 1871, après maintes allées et venues au nord et au sud de Vierzon, nous sommes installés au cantonnement de Neuvy-sur-Barangeon. Promu capitaine au choix en remplacement de mon capitaine tué à l'ennemi, je suis en train de coudre mon troisième galon sur les manches de ma tunique, lorsque mon sergent-major accourt tout effaré. L'ordre vient d'arriver de partir pour Vierzon, où nous devons nous embarquer le 4 en chemin de fer pour une destination inconnue.

Nous nous mettons immédiatement en route,

et en arrivant au rond-point de la Belle-Étoile, peu s'en faut qu'une méprise cause un désastre épouvantable. Il y a là une redoute à cheval sur les trois routes qui s'y croisent et qui sont interrompues par ces coupures; on a jeté de l'eau en abondance sur les parapets et elle s'est congelée aussitôt, les revêtant d'une couche de glace qui en rend l'accès impossible. De loin on dirait une fortification découpée dans un iceberg.

Non prévenu de notre mouvement, le capitaine qui commande la compagnie de la légion, de garde à ces retranchements, nous prend pour des Prussiens. Il a donné l'ordre aux artilleurs d'ouvrir le feu, lorsque, heureusement pour nous, il aperçoit dans sa jumelle les points rouges de nos chéchias. Nous l'avons échappé belle!

Nous cantonnons de nouveau au village d'En-bas et nous repartons le 4 de grand matin, pour venir nous former sur les quais de la gare de Vierzon.

Désormais nous n'appartenons plus à l'armée de la Loire, notre campagne du Centre est terminée et celle de l'Est commence.

Le train qui emporte ma compagnie s'ébranle à six heures du matin et arrivera seulement à Clerval dans la nuit du 6 au 7, mettant ainsi trois jours et presque trois nuits pour faire 576 kilomètres, à l'allure moyenne de 8 kilomètres à l'heure, arrêts compris.

Notre itinéraire passe par Bourges, Saincaize, Nevers, Chagny, Mâcon, Bourg, Mouchard, Besançon, mais nous ne savons rien de plus, sinon que nous allons nous battre.

Ce voyage en chemin de fer nous paraît délicieux et ce long parcours de 72 heures, qui, en temps ordinaire, serait intolérable, nous procure au contraire le premier bien-être que nous ayons éprouvé dans cette campagne.

Les officiers sont en premières, sur des coussins capitonnés! Une partie de mes zouaves voyagent en deuxième classe et le plus grand nombre en troisième; quelques infortunés seulement sont dans des wagons à bestiaux, où empilés les uns sur les autres ils ne peuvent dormir que par fraction; mais qu'importe, on est à l'abri de la neige et du vent glacial qui souffle depuis quelques jours.

Dehors il fait — 7°, à l'intérieur — 2° seulement, et la nuit, les lampes et la chaleur de tous ces corps concentrés dans un étroit espace, augmentent de plusieurs degrés la température qui devient relativement agréable pour des gens habitués aux 15° et 20° de froid de nos bivouacs. Du reste, nos Français, nés malins, ont trouvé un système de chauffage aussi simple que pratique et, en cours de route, je m'aperçois que dans tous les compartiments ils ont allumé du feu dans les gamelles de campement.

Ils sont atrocement enfumés, mais ils sont heureux, ils ont chaud !

Le procédé eût été sans doute dangereux si on nous avait distribué de la paille, mais dans la précipitation du départ, le commandant n'y a même pas songé, et par le fait il ne se produit aucun accident.

Pour la même raison et avec la même imprévoyance on nous a embarqués sans vivres, ce qui vaut quinze jours d'arrêts à notre colonel qui ne les a pas volés.

Il faut se débrouiller en cours de route; et grâce aux bonis d'ordinaire, très élevés au début, à cause de l'effectif considérable des compagnies, et encore actuellement par suite des pertes de la campagne, nous pouvons acheter du pain et du fromage dans les buffets des gares de bifurcation.

C'est ainsi que nous vivons pendant ces trois jours et aussi, faut-il l'avouer, à l'aide de vivres dérobés aux wagons de l'administration qui encombrent les voies de garage. Mais nécessité n'a pas de loi et encore moins de morale!

Les sentiments des populations sont tout autres que dans le centre de la France et sur ce long itinéraire nous sommes accueillis avec une franche cordialité. Des âmes charitables nous donnent des provisions de bouche et du vin. A Bourg, les sœurs de charité gratifient mes soldats de cache-nez confectionnés avec de vieux foulards ou des châles qu'elles ont sans doute quêtés à cette intention. Elles ont apporté de la soupe chaude dans les grandes marmites de l'hôpital, et l'aumônier qui les accompagne nous fait cadeau de tout un stock de chaussures.

Que tous ces braves gens qui ont secouru notre misère reçoivent ici l'expression de ma reconnaissance.

Les régions que nous traversons sont couvertes d'une neige épaisse, et le froid augmente d'intensité à mesure que nous approchons des montagnes du Jura. Déjà un certain nombre d'hommes ont les pieds gelés, il est temps d'arriver à destination !

C'est dans la nuit du 6 au 7 janvier que l'on gare notre train sur une voie d'évitement de la station de Clerval. On ne connaît pas le pays et faute de carte pour nous diriger, le commandant décide qu'on débarquera seulement au point du jour.

Après avoir traversé la voie ferrée, nous nous formons sur un quai, auprès d'un pont de pierre que le génie a fait sauter pour couper toute communication entre la ville et la rive gauche du Doubs.

La rivière coule dans une gorge étroite et contourne un éperon rocheux, au flanc duquel sont pittoresquement accrochées quelques maisons qui semblent monter à l'assaut de l'escarpement.

Nous passons lentement, partie sur des barques, partie sur un chaland transbordeur qui fait le va-et-vient le long d'une treille dans l'espace non congelé où court une eau profonde et limpide. Puis nous nous engageons sur la route accidentée qui mène à Pont-de-Roide, entre deux plissements du terrain jurassique. Des deux côtés s'élèvent de puissantes assises de rochers, couronnées de la sombre verdure des sapins, et dans ce paysage abrupt, mes zouaves reprennent confiance. Il leur semble que la face de la guerre va changer.

Plus de ces plaines immenses où l'artillerie des Prussiens nous écrasait de loin sans danger et où leur prudente infanterie ne s'avançait que lorsque nous étions déjà démoralisés par le feu destructeur des shrapnells. Ici, les mises en batterie ne sont pas faciles, les vues sont restreintes et avec une compagnie bien postée, on peut arrêter tout un bataillon.

Hélas! tous ces avantages ne pourront être mis à profit que dans les derniers jours de l'agonie de l'armée de l'Est.

Nous traversons le village d'Auteuil et nous

faisons halte à Glainans, petite localité située à 8 kilomètres de Clerval.

Ma compagnie est logée dans un écart situé non loin de l'agglomération principale, et quand nous arrivons ce sont des acclamations amusées. Le large pantalon de mes zouaves fait naître une folle gaieté chez les gamins qui sont venus à notre rencontre, et j'entends une fillette qui, avec cet intraduisible et savoureux accent franc-comtois, crie à tue-tête à une bonne femme qui la suit cahin-caha :

— Ah ! maman ! Viens donc vite ! C'est des soldats en jupons !

Tous ces braves gens sont pauvres ; les maisons ont l'air de masures, si on les compare aux fermes opulentes de la Beauce et du Berry, mais avec quelle joie ils nous accueillent dans leur humble demeure ! Ceux-là sont de bons Français, et c'est de tout cœur qu'ils nous offrent ce qu'ils possèdent.

Mes soldats n'ont jamais été à pareille fête. On les régale de cidre qui pétille comme du champagne et d'un petit vin blanc qui sent la pierre à fusil. On leur apporte des œufs, de la charcuterie, du porc frais, et tout à l'heure, avec le bœuf de la distribution, ils vont faire un repas dont ils garderont longtemps le souvenir.

Mon hôte exerce la profession de sabotier et habite une petite maisonnette dont l'unique pièce sert à la fois de chambre à coucher, d'atelier et de cuisine. Ici plus de ces grandes cheminées, où, grillé par devant, gelé par derrière, on ne parvenait pas à se réchauffer, mais un poêle de fonte, sur lequel chante une bouillote et qui répand une bonne chaleur dans l'étroit espace. Nous sommes un peu suffoqués, au début, par la température élevée à laquelle nous ne sommes pas habitués, mais nous nous y faisons très vite et nous éprouvons un bien-être inexprimable.

Après dîner, mon sous-lieutenant et moi, nous nous étendons sur une botte de paille pendant que toute la famille se met au lit après avoir fait la prière en commun.

C'est ici la maison du Bon Dieu. Ces braves gens sont d'une candeur qui nous stupéfie. Ils se déshabillent en notre présence, sans fausse honte, et comme ils ont l'habitude de le faire tous les soirs. Oh! sainte Innocence! La belle fille enlève tranquillement sa chemise de jour, passe sa chemise de nuit, puis éteint la lumière et prend place à côté de sa mère.

Le père dort déjà appuyé contre le mur, et j'essaie d'en faire autant, mais je cherche en vain le sommeil qui fuit mes paupières. Je me tourne et me retourne plus de vingt fois avant de pouvoir chasser la délicieuse vision qui hantera toute la nuit mon rêve.

Nous passons quatre jours heureux à Glainans, sauf le 9 janvier où je monte la grand'-garde sur la route de l'Isle-sur-le-Doubs. Le site est merveilleux, nous sommes dans une vallée profondément encaissée entre deux hautes crêtes couvertes d'arbres magnifiques. Je bivouaque auprès d'une baraque improvisée avec de grossiers madriers et que les moblots qui nous ont précédé ont baptisé : « Hôtel de Bismarck ».

Que n'y est-il descendu !

Enfin, le 2 janvier à cinq heures du matin, nous partons pour Pont-de-Roide, petite ville située à quelques kilomètres seulement de la frontière suisse et à quatre heures de marche de Glainans. Nous y retrouverons le Doubs, qui coule ici du Sud au Nord et fait un crochet sur Montbéliard avant de revenir vers Clerval.

La route que nous suivons est couverte de neige. Pour la première fois s'offre à nous le pittoresque spectacle des traîneaux qui glissent à toute vitesse sur le flanc de la colonne. Mes hommes, qui pour la plupart n'en ont jamais vu, sont émerveillés et poussent chaque fois des exclamations enthousiastes.

Ici encore on nous fait fête, car les Prussiens ne sont pas loin, et on entend là-bas, dans le nord, de sourdes détonations. C'est le canon de Belfort qui semble clamer la détresse de ses défenseurs, et avant de faire former les faisceaux, je réunis mes hommes autour de moi.

Subitement devenus graves, ils écoutent la voix formidable qui semble appeler au secours et alors, en quelques mots enflammés, je leur parle de la patrie envahie, de l'héroïsme de ceux qui maintiennent fièrement le drapeau tricolore sur des remparts à moitié détruits, j'évoque le spectacle de cette population écrasée par les obus, de ces femmes et de ces enfants mutilés par les bombes ou ensevelis sous les ruines de leurs maisons en flammes, et quand j'ai terminé, je leur demande où est le devoir.

Ces visages amaigris par la souffrance et les privations m'apparaissent transfigurés par une intense émotion, et dans ces yeux tout à l'heure mornes et résignés, une flamme vengeresse vient soudain de passer.

Je suis compris et je sens maintenant que je puis compter sur eux, comme ils peuvent compter sur moi !

Le cercle rompu, nous nous installons aussitôt dans une grande usine parfaitement chauffée en prévision de notre arrivée, et les corvées partent aux distributions.

A la tombée du jour, je me mets en quête de mon logement. Ma bonne étoile veut que je sois cantonné chez un notaire ; on me montre de loin une belle maison où brillent au-dessus de la porte les panonceaux dorés.

Une petite bonne accorte et fraîche, vient m'ouvrir et me conduit à ma chambre ; car j'ai une chambre à coucher pour la première fois depuis Antibes! Je vais donc pouvoir dormir dans un lit, moi qui n'ai eu jusqu'ici pour matelas que les fagots de Chevilly ou le sol glacé des bivouacs!

Je me présente ; mon hôte m'accueille de la manière la plus affable et m'invite à dîner. C'est trop de bonheur à la fois. Mon Dieu ! faites que cela dure !

J'ai des inquiétudes; j'ai vu tout à l'heure les chefs de bataillon se diriger chez le colonel, et je crains un de ces départs subits auxquels nous ne sommes que trop habitués.

— Qu'à cela ne tienne, me dit l'excellent homme, nous allons avancer le dîner d'une heure et je cours de ce pas prévenir ma femme.

A cinq heures et demie, après avoir réparé tant bien que mal le désordre de ma toilette, car nous n'avons pas encore reçu nos bagages, je prends place à une table où les cristaux étincellent au milieu des fleurs. La maîtresse de maison est charmante et mon amphytrion ne sait comment me témoigner la joie qu'il éprouve à posséder un officier français, lui qui a failli avoir la douleur d'héberger des officiers prussiens. Je jouis délicatement du plaisir de dîner en si aimable compagnie dans cette chaude atmosphère, d'être servi dans la porcelaine, de boire dans des verres mousseline, toutes choses dont on ne connaît le charme que lorsqu'on en a été longtemps privé.

La petite bonne apporte le potage dont la fumée délicieuse se répand dans la salle du festin, et pendant que je mange avec avidité, en homme qui n'est pas depuis longtemps à pareille fête, je la vois qui me regarde avec ses grands yeux de pervenche d'un air moitié amusé, moitié compatissant.

Soudain je dresse l'oreille et je reste pétrifié !

Une sonnerie de clairon vient de retentir au loin et éclate bientôt sous les fenêtres. C'est la marche des zouaves qui égrène dans l'air ses notes alertes :

> Pan ! Pan ! l'arbi !
> Les chacals sont par ici,
> Les chacals et les vitriers
> N'ont jamais laissé les colons nu-pieds.

Il faut partir et je m'excuse brièvement auprès de mes hôtes, qui sont désolés. Le notaire court à l'office et en rapporte une bouteille de vieux Corton dont il me verse coup sur coup deux grands verres, pendant que sa femme me bourre les poches avec des petits fours.

Je boucle mon ceinturon à la hâte et je me sauve avec mille remerciements, car sans cela tout le dessert y passerait.

Au bas de l'escalier je rencontre la petite bonne qui s'essuie les yeux du coin de son tablier, et pour la consoler, je lui plante en guise d'adieu un gros baiser sur les deux joues ; puis je prends le pas gymnastique jusqu'à l'usine.

Ma compagnie est déjà sac au dos. Un commandement retentit :

— Par le flanc droit, à droite ! En avant ! Marche !

Et nous voilà par une nuit glaciale et sombre refaisant en sens inverse le chemin des jours précédents.

Ce matin, nous avons déjà parcouru 16 kilomètres ; il y en a 24 d'ici à Clerval, où nous n'arriverons qu'à deux heures, après avoir couvert nos dix lieues en vingt et une heures. Quelle route ! La neige a recouvert les poteaux indicateurs, nous nous égarons à chaque instant dans l'obscurité et il faut faire des haltes fréquentes pour retrouver péniblement la bonne direction.

Et c'est ainsi que faute du bon dîner si bien commencé, j'ai grignoté quelques morceaux de biscuit le long du chemin et qu'au lieu de me dorloter dans le lit moelleux du notaire, j'ai fini cette nuit qui s'annonçait si affriolante, couché sur un trottoir de Clerval en attendant le jour.

XI

COMBAT D'ARCEY ET SAINTE-MARIE

La matinée du 12 janvier est employée à se ravitailler et à réparer le désordre causé par l'épouvantable marche de nuit de la veille. La plupart des trainards rejoignent avant le départ, mais quelques-uns ont été ensevelis par des glissements de neige, et leurs corps ne seront retrouvés que longtemps après par les habitants du pays.

C'est là que notre chef apprend sa promotion de colonel à la Légion étrangère, en récompense sans doute de son éclatante bravoure à Chilleurs.

Le commandant Letellier prend le commandement du régiment et le capitaine adjudant-major Trémisot, celui du 1ᵉʳ bataillon.

A midi nous traversons le Doubs, sur une passerelle établie par le Génie en utilisant les arches du pont détruit, et à deux heures la première brigade s'ébranle pour gagner Soye, petit village situé à 8 kilomètres au nord de Clerval, que nous n'atteindrons qu'à six heures du soir.

L'artillerie suit la route qui serpente dans un fond de ravin jusqu'à Fontaine et chemine ensuite sous bois.

Nous marchons à sa hauteur à travers un pays montueux, tantôt nous élevant sur les crêtes, tantôt descendant dans les vallons, en nous laissant couler sur leurs flancs abrupts, couverts d'une neige épaisse. A un moment donné cette neige a dû commencer à fondre et a été ensuite congelée par un froid subit. Elle est recouverte d'une couche épaisse de verglas, où nous glissons comme sur un parquet ciré. A tout moment mes zouaves perdent l'équilibre et arrivent pile ou face au bas de la descente, tandis qu'aux montées ils sont réduits à marcher la plupart du temps à quatre pattes.

Sur la route, le spectacle est navrant. Dans les pentes ascendantes, les chevaux de nos malheureuses batteries n'étant pas ferrés à glace, par suite de l'imprévoyance du haut commandement, manquent des quatre pieds et s'abattent continuellement, malgré tous les efforts de leurs conducteurs qui ont mis cependant pied à terre et les soutiennent par la bride.

A la descente au contraire, les pièces et les caissons, entraînés par leur poid, renversent les attelages, et la masse confuse de tous ces éléments inertes ou vivants, glissant désespérément sur la chaussée unie comme un miroir, vient s'écraser contre un talus au tournant du chemin ou culbuter sur les remblais.

A la guerre, l'oubli des plus élémentaires précautions peut avoir des conséquences désastreuses, et ainsi, faute de clous à glace, notre artillerie et notre cavalerie sont réduites à une impuissance totale. Je n'oublierai jamais l'aspect lamentable d'un régiment de dragons défilant péniblement sous mes yeux. Officiers et hommes, à pied, conduisent leurs chevaux « par la figure » bêtes et gens s'effondrent à chaque instant sur le verglas, tandis qu'à portée de fusil, une reconnaissance de hulans galope à toute allure et franchit tous les obstacles de terrain.

Enfin, à la tombée de la nuit nous arrivons à Soye à moitié fourbus pour avoir fait 8 kilomètres seulement.

A minuit, ordre de repartir! Le régiment est d'avant-garde et s'ébranle à trois heures du matin par une nuit superbe, mais excessivement froide. Nous marchons dans un monde étoilé, étoiles du ciel qui clignent doucement vers nous leurs yeux de rubis, de saphir, d'émeraude et de topaze; étoiles de la neige qui scintillent sous les rayons bleuâtres de la lune et parent les brindilles des buissons et des arbres d'une poussière de diamant.

A l'aube nous arrivons à l'Isle-sur-le-Doubs, que nous traversons sans nous arrêter et nous prenons la grand'route de Belfort pendant que mes hommes écoutent graves et recueillis le grondement lointain des grosses pièces du château. Nous déboîtons de la route à hauteur du village de Faimbe, et nous grimpons sur un plateau qui domine celui de Montenois.

A ce moment éclatent des détonations rapprochées, c'est une batterie de 4 de montagne qui envoie quelques projectiles aux Prussiens. Ceux-ci se replient sans répondre.

Sur notre gauche s'étendent les longues lignes de tirailleurs du quatrième bataillon de chasseurs et des mobiles de la Charente qui marchent à l'attaque de la position ennemie pendant que notre artillerie, établie sur les hauteurs de Montenois, d'Onans et de Marvelise, la couvre de ses obus.

Nous faisons une courte halte avant d'arriver à Montenois, et après avoir pris le café, on s'ébranle de nouveau, au bruit de la fusillade qui crépite de toutes parts. Nous grimpons sur un mamelon où une de nos batteries est déjà en action et on nous déploie derrière elle, au lieu de nous pousser en avant ou sur les flancs. C'est ainsi du reste qu'on place toujours les réserves ou les soutiens, par une méconnaissance absolue de la tactique la plus élémentaire.

Je monte sur la crête avec quelques-uns de mes camarades, et dans un groupe je reconnais notre brigadier, le général Minot, entouré de ses officiers d'ordonnance.

Nous avons devant nous tout le panorama du champ de bataille. Le village de Sainte-Marie, où était appuyée la gauche de l'ennemi, dresse son petit clocher au-dessus des grands toits couverts de neige, et un peu sur la gauche on aperçoit le bois de Chênois que le général Quesnel, commandant la brigade de première ligne, fait fouiller par son artillerie avant de lancer ses troupes à l'attaque.

Plus à gauche encore on distingue les maisons d'Arcey, centre de résistance de la faible avant-ligne que Werder a chargée de retarder notre mouvement, et au fond les villages de Saint-Julien, d'Echevans, de Dessendans et d'Aibre, que domine la ligne sombre des croupes abruptes et couvertes de forêts qui nous séparent de la vallée de la Lisaine.

L'affaire est menée rondement en raison de

notre supériorité numérique et surtout du peu d'artillerie qui accompagne les troupes allemandes.

La longue ligne de tirailleurs du quatrième bataillon de chasseurs de marche et des mobiles de la Charente, soutenue par un demi-bataillon de Turcos sur chaque aile, marche à l'attaque du village de Sainte-Marie. A 300 mètres le lieutenant-colonel Lemoing, mon ancien chef de bataillon, qui commande les « Fils du Soleil » pousse un cri retentissant de « A la baïonnette » et le bataillon allemand en voyant arriver « die Schwarze » (les Noirs) est pris d'une telle panique qu'il ne s'arrête plus qu'à Saint-Julien.

Nos hommes ont assistés à la bataille l'arme au pied, et quand l'ennemi se met en retraite :

— Allons! messieurs les zouaves, s'écrie le général Minot, en se retournant vers nous, ça sera votre tour demain!

Il ne croyait pas être si bon prophète.

Le jour décline maintenant et le froid augmente progressivement d'intensité. Je fais allumer de grands feux et commencer la préparation de la soupe, mais au moment de la manger, arrive l'ordre d'aller occuper la forêt du Mont-Bard.

Le général Bourbaki, héroïque soldat, excellent en sous-ordre, mais peu préparé à exercer les grands commandements, a montré dans toute cette affaire une prudence qui confine à la timidité. Il doit être constamment préoccupé par l'idée que Werder l'a attiré dans un guet-apens, en l'amusant avec une faible avant-ligne vers Arcey et Sainte-Marie et s'imagine qu'il va déboucher avec le gros de ses forces du côté de Montbéliard.

Hanté par cette crainte que rien ne justifie, il laisse échapper l'occasion de couper de Belfort les faibles troupes qui nous sont opposées et qui ont été aventurées bien loin de la masse principale de l'armée prussienne. Peut-être suffirait-il pour cela de lancer les deux vieux régiments de cavalerie du général Boerio vers l'Ouest et de les rabattre ensuite vers le Nord, en les faisant appuyer par les troupes non engagées du 15e corps.

Il se borne à coucher sur la position conquise

en se garant du côté de la vallée du Doubs, et c'est ainsi que le 1er zouaves de marche, au lieu de pousser une pointe audacieuse sur le flanc de l'ennemi en retraite, va occuper les croupes boisées qui dominent Présentevillers au Sud et Bavans au Nord, pendant que la brigade Boerio, inutilisée pendant la bataille, retourne cantonner en arrière de nous à Lougres.

La nuit est épouvantable. Dans ma compagnie on essaie d'allumer du feu avec le bois vert des taillis où nous bivouaquons sur la neige durcie. Vains efforts ! Nous usons inutilement nos dernières allumettes. J'ai alors l'idée de faire déchirer des bandes de toiles, de vieilles chemises, d'y verser de la poudre de cartouches défaites et de les rouler en forme de cordeau de mine, puis d'en entourer quelques morceaux de bois un peu plus sec avant d'y mettre le feu. Dès que la flamme a jailli, nous nous hâtons d'embraser tour à tour les autres foyers auprès desquels mes zouaves se groupent pour passer la nuit.

Enveloppés dans leurs grands capuchons de drap bleu et emmaillotés dans leurs couvertures de campement, ils se serrent frileusement les uns contre les autres, telle une bande de Peaux-Rouges dans les forêts glacées du Canada.

Cependant, avant de dormir il faut au moins boire puisqu'il n'y a rien à manger. Un homme par escouade s'évertue à faire fondre la neige dans une marmite de campement, et je n'aurais jamais cru qu'il en fallût une si grande quantité pour obtenir quelques litres d'une eau qui sent la suie et le graillon.

Pour ma part je souffre beaucoup plus du froid que mes zouaves et j'envie surtout leur grand capuchon. Je suis entré en campagne avec une capote et un manteau caoutchouté. Au camp d'Argent, mon sous-lieutenant m'a prié de lui céder un de ces deux effets. Blessé à Frœschwiller, il sortait des ambulances et promu récemment au grade d'officier, n'avait pu trouver nulle part à s'équiper.

Nous étions alors dans la période des grandes pluies et je lui abandonnai ma capote dont il dut faire couper la moitié des pans à cause de sa petite taille. Hélas! quand survinrent les grands froids je la regrettai amèrement et je trouvai bien léger mon imperméable.

Je m'en accommodai pourtant jusqu'à Saint-Cyr-en-Val, où un tison enflammé qui avait roulé près de moi vint y mettre le feu pendant mon sommeil. Je ne m'en aperçus malheureusement qu'au moment où je fus réveillé par la sensation de brûlure, mais il était déjà à moitié consumé et je dus en jeter les débris.

Je restai ce jour-là, par un froid de 18 degrés au-dessous de zéro, avec ma tunique en drap léger d'Afrique sur le dos, et sans hésiter, mettant de côté toute question d'étiquette, je pris ma couverture de campement et j'en fis un puncho.

C'est dans ce singulier accoutrement que je fais maintenant le reste de la campagne, les épaules assez bien garanties du froid, mais les jambes constamment gelées.

Tant bien que mal nous passons le reste de la nuit, et vers deux heures du matin nous avons une agréable surprise. Toute une bande d'habitants de Bavans et de Présentevillers nous apporte, à travers bois, des comportes pleines de soupe au lard et aux haricots.

Il faut entendre les exclamations de mes zouaves en voyant arriver ces braves gens qui marchent deux par deux et portent avec précaution les lourds récipients d'où s'exhale un fumet délicieux. Je ne me souviens pas d'avoir mangé quelque chose d'aussi bon.

La distribution faite, chacun de nous s'étend les pieds au feu et, narguant le froid et l'âcre fumée, s'endort enfin d'un bon sommeil jusqu'au jour.

XII

BAÏONNETTE AU CANON!

Le 14 janvier au soleil levant, nous quittons le bivouac du Mont-Bard. Contrairement aux prévisions du général en chef, nous y avons passé une nuit bien tranquille et nous descendons sur Sainte-Marie, où la neige couverte çà et là de taches de pourpre, témoigne de l'âpreté de la résistance des Landwehriens.

Nous traversons rapidement le village et, par Saint-Julien, nous gagnons Issans, occupé par le 16ᵉ de ligne et la garde mobile.

L'ordre que vient de recevoir le commandant du régiment est admirable! Nous devons aller cantonner au petit village d'Allondans situé un peu plus bas dans la vallée du Rupt, à 3 kilomètres seulement de Montbéliard (si nous n'y trouvons pas l'ennemi et, dans le cas contraire rentrer à Issans).

Il est vrai que notre cavalerie est toujours à 10 kilomètres derrière nous, au lieu d'être à 10 kilomètres en avant, et que nos généraux ne savent jamais ce qu'ils ont devant eux. Cette méconnaissance de toutes les règles de la guerre entraînera tout à l'heure l'écrasement des 1er et 2e bataillons.

Sur la foi de nouveaux renseignements qui donnent le pays comme très sûr, nous continuons notre route en colonne par quatre, sans constituer même une avant-garde. Je risque une observation sur cette imprudence; mais je suis vivement rabroué par le commandant du bataillon, et puisque je marche en tête du régiment, je prends sur moi de me faire précéder au moins par un caporal et quatre hommes.

Les habitants d'Allondans nous accueillent avec enthousiasme et nous apprennent tout d'abord que les Prussiens viennent à l'instant d'évacuer le village et de se retirer sur les collines boisées de l'Est.

Voilà donc tout un régiment au cantonnement, dans un fond de cirque, dominé complètement par des hauteurs occupées par un ennemi dont on ignore les forces, qui peut, là-haut, nous compter un à un, et nos chefs ne prennent aucune des précautions les plus élémentaires pour se préserver contre un retour offensif.

On place seulement une compagnie en grand'-garde, mais beaucoup trop près du village pour éviter une surprise et on donne l'ordre de faire la soupe. Une heure après, on sonne la marche des zouaves et nous mettons rapidement sac au dos. Déjà la fusillade éclate au débouché de la route de Montbéliard sur le plateau de Montchevis, et des lignes épaisses de tirailleurs prussiens descendant vers le bois Berceau, vont se heurter aux 3e et 4e compagnies du 1er bataillon, bientôt renforcées par la 5e compagnie du 3e.

Pour mon compte, dirigé dès le début, au sud du village, je reçois la mission d'empêcher une colonne prussienne, qui descend sur Dung, de se porter sur le plateau boisé de Sainans et de tourner ainsi les défenseurs d'Allondans.

Afin d'aller plus vite, je laisse une partie des cuisiniers au cantonnement, et au bout d'un quart d'heure d'une marche rapide à travers les bois, je débouche dans une clairière qui forme éperon entre la vallée du Rupt et le ravin de la ferme de Sainans.

La position est superbe et commande la route de Sainte-Suzanne à Dung et Présentevillers. Elle a des vues sur le débouché du bois Berceau et domine complètement le petit village de Dung, qui me paraît fortement occupé. Tant que je tiendrai bon sur ce point le régiment ne risquera pas d'être tourné et coupé du gros de la division, mais réussirai-je à m'y maintenir?

Le bataillon qui descendait tout à l'heure la côte de Sainte-Suzanne s'est réparti dans les maisons de Dung et a poussé une compagnie dans les bois qui garnissent le bas de la croupe où je suis en surveillance. Or les bataillons prussiens sont à 800 hommes, et ma compagnie n'en a plus que 80. Déduction faite des cuisiniers laissés à Allondans, j'ai 70 fusils à mettre en ligne.

Je m'établis à la crête militaire, jalonnée sur

le terrain par une ligne de pommiers qui est figurée encore aujourd'hui sur la carte d'état-major, et je place une escouade dans le taillis qui nous sépare d'Allondans pour couvrir mon flanc gauche.

Dans le bas, à 300 mètres à peine, j'aperçois une lisière de bois garnie de tirailleurs et les balles sifflent à mes oreilles dès que je m'avance pour observer les dispositions de l'ennemi.

Avant tout j'ai défendu sous peine de mort à mes hommes de tirer un seul coup de fusil sans ma permission. Je veux éviter les inutiles tirailleries dont le plus grave inconvénient est de les soustraire à ma direction.

Tout d'un coup je vois déboucher de Dung deux compagnies prussiennes. Elles montent en colonne par quatre sur le chemin qui, partant du village va rejoindre la route de Présentevillers au pied du bois du Mont.

Voilà le mouvement tournant qui commence !

Immédiatement je fais faire un oblique à droite à ma ligne et je commande un feu de salve. Une trainée de poussière blanchâtre sillonne la neige fouettée par les balles. J'ai pris une hausse trop faible. J'augmente de cent mètres et patatras ! cinq à six hommes culbutent dans la colonne ennemie qui accélère sa marche. Troisième feu de salve, et voici les deux compagnies qui prennent le pas de course et se réfugient derrière le mur du cimetière placé à l'intersection des deux routes, d'où elles tirent sur nous, sans résultat. Décidément le dreyse ne vaut pas le chassepot!

Au bout de quelque temps, leurs officiers font cesser ce feu impuissant et de mon côté, je reprends mon premier alignement, face à la lisière du bois.

Je m'attends à chaque instant à une attaque de la compagnie qui l'occupe; les officiers allemands vont d'arbre en arbre et donnent leurs instructions à leurs hommes.

Il y a une menace dans l'air et alors il me vient une idée que je mets de suite à exécution. Je passe tout le long de ma ligne de tirailleurs et je les préviens de ce qu'ils auront à faire tout à l'heure lorsque ces renards sortiront de leur tanière. Mon projet est audacieux, mais je sais que je puis absolument compter sur mes hommes, qui ont en moi une confiance absolue, et j'attends de pied ferme sur la ligne des pommiers.

Nous n'avons rien mangé mon lieutenant et moi, et notre estomac crie famine. Je grignote un morceau de biscuit derrière le tronc d'un arbre, et Thévenot qui porte en bandoulière une gourde pleine de rhum m'en offre une gorgée. Nous quittons notre abri et nous nous avançons à la rencontre l'un de l'autre. Il étend le bras et au moment où je vais saisir le léger récipient, « Paf! », une balle qui nous était destinée le fait voler en mille morceaux et nous arrose du précieux liquide. Nous sommes furieux, mais voici qu'au même instant un bruit de fifres et de tambours éclate au bas de la pente, puis j'entends toute une série de rauques commandements :

— Zur attacke gewehr! Rechts! Fallt das! Gewehr! et soudain un formidable hourrah déchire nos oreilles. C'est la compagnie allemande qui surgit de la lisière du bois, tel un croquemitaine sortant de sa boîte.

Les officiers l'entraînent à l'assaut aux cris

répétés de « Forwerz, Forwerz », et brandissent leur sabre où brille la longue dragonne d'argent, cependant que, sur un mode triste, les sons aigus des fifres et les roulements clairs de leurs petites caisses mènent la danse.

Mes hommes sont toujours couchés à la crête militaire et restent immobiles...

Voici les Prussiens à 200 mètres, ils montent lourdement dans la neige épaisse; déjà ils ne sont plus qu'à 150 mètres et mes zouaves commencent à me regarder d'un air inquiet.

Alors je me dresse et d'une voix forte, je crie : « Debout! » Toute ma ligne apparaît immobile et je commande « Baïonnette! On! »

Cric, cric! crac, crac, crac, crac! jusqu'à la gauche, et soudain toute la compagnie prussienne s'arrête interdite, oscille un instant, fait demi-tour et prend ses jambes à son cou pour se réfugier dans le bois d'où elle était sortie.

Je vois nettement leurs braves officiers qui saisissent les fuyards et les frappent à coups de sabre pour les ramener au combat. Vains efforts! Eux aussi sont emportés dans le torrent des fuyards!

Alors, me retournant vers mes soldats toujours immobiles, je hurle : « Feu à volonté ! » et instantanément les chassepots crépitent avec rage, semant la mort dans la masse confuse qui fuit épouvantée.

Je suis tranquille maintenant, ces gens-là ne recommenceront pas de sitôt ; et de fait, je reste maître du terrain jusqu'à la fin du jour, où je reçois l'ordre de revenir à Allondans pour me porter au secours de mon bataillon qui vient de soutenir un combat désastreux.

XIII

L'HÉROÏQUE CUISINIER

Pendant tout l'après-midi du 14 janvier, alors que ma compagnie, établie sur la croupe de Sainans, arrêtait net l'élan des Prussiens qui débouchaient de Dung, la fusillade et la canonnade n'avaient cessé de se faire entendre sur ma gauche. En apprenant le retour offensif de l'ennemi, le capitaine adjudant-major qui commandait le 1ᵉʳ bataillon avait dirigé, à travers le bois Berceau, les 3ᵉ et 4ᵉ compagnies avec mission d'en chasser les Allemands et de gagner la lisière opposée.

En deuxième ligne venaient les compagnies du 3ᵉ bataillon, mais elles s'étaient arrêtées à mi-chemin. Seule, la 5e, entraînée par le capitaine Picquet, détermina un nouveau bond en avant, qui eut pour effet d'amener notre première ligne au pied d'un vaste plateau découvert sur lequel s'élève la ferme de Montchevis.

Les Prussiens se retiraient de toutes parts lorsque, tout à coup, une de leurs batteries, précédant la réserve accourue de Montbéliard, démasqua son feu à neuf cents mètres de nos tirailleurs et, en quelques instants, réussit à briser leur offensive.

La fatalité voulut qu'au deuxième coup de canon le sous-lieutenant Donnat fût tué raide, et au quatrième le capitaine Picquet, dont l'énergie venait de galvaniser les zouaves, reçut toute la volée de l'obus dans les cuisses et dans le ventre. L'effet moral fut déplorable, et notre ligne recula jusqu'au bois ; puis, sous la pression du bataillon allemand et le feu de cette batterie, qui, n'étant pas contrebattue, tirait comme au polygone, elle battit en retraite sur Allondans.

Sur le théâtre de l'action, pas un seul officier supérieur ! L'unique capitaine venait d'être tué, et mon camarade Ferriol, en sa qualité de plus ancien lieutenant, prit le commandement et finit par ramener les débris de ces trois compagnies jusqu'au village où quelques hommes s'étaient jetés dans les maisons de la lisière. De là, ils avaient ouvert un feu terrible derrière les fenêtres et les clôtures, et arrêté net les progrès de l'ennemi.

Cependant, les débris du 1ᵉʳ bataillon traversaient le Rupt pour prendre position sur le talus escarpé qui se dresse au-dessus de la route d'Issans. De la maison du pasteur, située à mi-pente de ce talus et de la lisière des bois qui dominent Allondans, ils ripostaient énergiquement aux tirailleurs prussiens qui essayaient, en vain, de déboucher du bois Berceau.

La batterie avait heureusement suspendu son feu, de peur d'atteindre sa propre infanterie, dont elle ne pouvait plus apercevoir les mouvements.

C'est à ce moment que j'arrive sur la position de repli. Sous mes yeux s'étend le petit village maintenant désert, alignant des deux côtés de la route ses maisons vastes, aux hautes toitures, qui se découpent en ombres chinoises sur le fond de neige du décor. Le clocher du temple semble un if gigantesque surgissant de la petite place où le matin même j'avais fait former les faisceaux.

Le 2ᵉ bataillon accouru d'Issans, vient d'entrer en ligne à son tour. La fusillade emplit les échos de la vallée de son crépitement sinistre. Des milliers de balles enfilent de part et d'autre la grand'rue où les larges pantalons rouges des cadavres des zouaves apparaissent de loin comme d'énormes coquelicots épanouis dans un champ de neige.

De l'autre côté de la vallée, la ligne sombre des landwehriens établie à la lisière du bois Berceau, se distingue confusément au milieu d'un nuage de fumée.

Rapidement, je me porte au saillant du bois d'où j'ai des vues d'écharpe sur ces gens-là, et je commence un feu ajusté. Cependant, je suis préoccupé, et je me demande avec anxiété ce que sont devenus mes cuisiniers dans cette bagarre, lorsque tout à coup, à la stupéfaction générale, dans cette grand'rue où les projectiles s'abattent comme la grêle, un zouave apparaît à mi-chemin des combattants et dans un étrange accoutrement.

Son fusil sur son sac et en travers des épaules, tenant de chaque main une marmite, il vient vers nous à petits pas, sans se presser. De temps à autre, il se penche à droite et à gauche et regarde attentivement les couvercles pour s'assurer que rien ne tombe. Ah! le brave homme!

Un cri jaillit de toutes les poitrines : « Augustin ».

C'est mon cuisinier, un vieux de Crimée, d'Italie et du Mexique, un vrai zouave celui-là, qui, jugeant que la soupe et le rata sont juste à point, se dirige de notre côté pour les mettre en sûreté.

Là-bas, à quelques centaines de mètres, les Prussiens ont cessé le feu, médusés par le sang-froid de cet homme qui tourne le dos à la mort avec un dédain si parfait; puis, soudain, la fusillade éclate de nouveau, plus intense.

Tous tirent à l'envi pour abattre l'insolent cuisinier, et, à chaque instant, je m'attends à le voir culbuter avec ses marmites, mais il y a un bon Dieu pour les gens braves, et le voici qui traverse le pont, tourne à gauche et cherche du regard un point où il pourra escalader le talus.

Là, il dépose un instant son fardeau et, se retournant face à l'ennemi, d'un geste large, il lui envoie l'expression de tout son mépris dans une magistrale basane; puis, gravissant la côte, toujours lentement, avec d'infinies précautions, il arrive près de moi aux applaudissements de toute la compagnie.

— Tenez, mon capitaine, voilà uue fameuse soupe et un rata qui n'est pas dans une musette !

Et comme je lui reproche son héroïque folie :

— Ben quoi ! mon capitaine, vous ne voudriez pas que ça soit mangé par les Alboches !...

A la chute du jour, la fusillade cesse complètement, les Prussiens se retirent sur la ferme du Montchevis et, de notre côté, le régiment reprend le chemin d'Issans où nous arrivons à la nuit close.

Nous avons beaucoup de peine à nous installer dans les maisons du village, déjà envahies par les mobiles de la Savoie, et quelques compagnies même, sont obligées de bivouaquer dans les bois voisins.

Le froid est épouvantable et, malgré moi, je songe aux souffrances atroces que doivent éprouver nos malheureux blessés abandonnés au milieu des taillis glacés du bois Berceau, cependant que nos ambulanciers amateurs, cantonnés dans les villages en arrière, reposent égoïstement à l'abri sous de chaudes couvertures que la charité publique a dirigées sur le théâtre des opérations.

Deux officiers tués : l'adjudant de Villiers de l'Isle-Adam et plus de deux cents hommes hors de combat, tel est le bilan de cette affaire mal engagée. La direction a fait complètement défaut et, sans l'énergie de quelques officiers subalternes, elle eût tourné au désastre. Le haut commandement qui a poussé ces deux bataillons à deux kilomètres du gros de la division, sans être renseigné sur la position et sur les effectifs de l'ennemi, sans les faire couvrir par de la cavalerie, sans les appuyer par de l'artillerie, en portera la responsabilité devant l'histoire.

Il a du reste brillé, ce jour-là, par son absence et le combat d'Allondans fut mené exclusivement par des capitaines et des lieutenants.

XIV

BATAILLE DE LA LISAINE — LA PREMIÈRE
ATTAQUE DE BETHONCOURT

Le 15 janvier dès le point du jour, nous sommes réunis sur le plateau de Saint-Julien ; et avant de nous engager, le général, instruit par l'expérience de la veille, établit son artillerie de 8 sur les crêtes qui dominent Allondans.

La brigade a l'ordre de s'emparer du plateau de Montchevis que les reconnaissances signalent comme occupé par un bataillon et une batterie. Les mobiles de la Savoie doivent prendre à revers la ferme qui en couronne le sommet, en passant par le Bois-Dessus, le bois de Montevillars et le bois Bourgeois, tandis que le 1ᵉʳ zouaves de marche, soutenu par les mobiles de la Nièvre, l'attaquera du côté d'Allondans.

Nous partons à huit heures du matin dans un ordre parfait, ma compagnie en tête comme d'habitude, et vers huit heures et demie nous traversons le village d'Allondans. A la stupéfaction générale, nous voyons sortir des maisons un grand nombre de zouaves qui avaient été portés disparus et qui y avaient passé une excellente nuit sans être inquiétés par l'ennemi.

Nous ramassons au passage une grande partie du campement abandonné dans les rues au moment de l'alerte, et nous nous engageons sur le chemin creux qui mène à Montbéliard en contournant par le nord le bois Berceau.

Nos morts d'hier jalonnent la route et l'un d'eux, un adjudant dont les galons neufs attestent la récente promotion, probablement blessé et surpris par la congélation au moment où il appelait au secours, montre de son bras tendu désespérément la direction de l'ennemi. A demi soulevé sur le coude, les traits figés dans une horrible expression d'angoisse, de sa bouche encore tordue par un effrayant rictus, il semble crier vengeance.

A 600 mètres du village, le bataillon se déploie à droite en bataille à travers les taillis, et deux compagnies viennent border la lisière qui fait face à la ferme du Montchevis.

Cachées aux vues de l'ennemi, elles ouvrent le feu à bonne portée sur une ligne de tirailleurs prussiens qui descend du plateau et essaye de renouveler le mouvement qui leur a si bien réussi hier, mais cette fois ce sont eux qui sont surpris. Ils font demi-tour et se replient en désordre sur la crête en laissant derrière eux une traînée de morts et de blessés.

A ce moment, la même batterie qui nous avait écrasé la veille, prend le bois Berceau pour objectif; mais aujourd'hui nous sommes à deux de jeu et une batterie de 4 de montagne, qui vient de s'établir à l'abri des arbres, riposte coup sur coup, pendant que les pièces allemandes sont prises en même temps d'écharpe par les deux batteries de 8 d'Allondans.

Personnellement je suis au débouché du

chemin creux, et en regardant par-dessus la crête du talus qui abrite ma compagnie, j'aperçois les obus qui éclatent sur la ferme du Montchevis et ponctuent le ciel de flocons blanchâtres.

Nous sommes là une douzaine d'officiers réunis autour du commandant du régiment en attendant l'ordre d'attaque, et nous causons tranquillement lorsque notre groupe attire probablement l'attention de nos adversaires. Un éclair jaillit du plateau, et l'obus qui nous était destiné, passant à quelques pas de nos têtes, éclate dans le bois avec un fracas assourdissant.

Tout le monde a salué bas et j'ai instinctivement courbé l'échine, mais je suis mécontent de moi et je me promets de ne plus recommencer. Un autre survient et cette fois, je me raidis et reste maître de mes nerfs. Cependant la place est dangereuse et nous nous abritons derrière le talus où sont adossés mes zouaves.

Tout à coup un brillant général apparaît au tournant de la route et s'arrête auprès de notre groupe. Grand, mince, bien campé sur sa selle, son képi brodé d'or resplendissant sous le soleil, il examine froidement à la jumelle la position de l'ennemi, et brusquement :

— Eh bien ! messieurs les zouaves, qu'est-ce que vous attendez ? Il y a longtemps que vos anciens auraient enlevé cette batterie à la baïonnette !

C'est le général Durrieu, notre divisionnaire, que nous n'avons jamais vu depuis sa prise de commandement. Détail tragique et qu'aucune situation des drames de Shakspeare ne dépasse en horreur, il est en ce moment même, et à notre insu, frappé d'aliénation mentale.

Le fou va et vient au petit pas, insensible aux balles et aux obus qui sifflent ou grondent autour de lui, pendant que ses officiers d'ordonnance restent prudemment en dedans de la lisière du bois, et le supplient vainement de se mettre à l'abri. Soudain il prend le galop et disparaît dans la direction de Sainte-Suzanne.

Le soir même il était relevé de son commandement et remplacé par le général Dastugue.

Nous ne le revîmes plus que dans la retraite sur Besançon.

A moitié couché dans une voiture découverte, hâve et les yeux hagards, de grosses larmes roulaient lentement le long de ses joues amaigries, et une plainte éternelle sortait de sa gorge angoissée : le malheureux demandait avec des accents déchirants du pain pour ses soldats !...

Pendant ce temps notre artillerie achève d'éteindre le feu de la batterie de Montchevis ; nous prenons nos dispositions d'attaque et bientôt tout le régiment débouchant du bois Berceau se rue à l'assaut, le 2ᵉ bataillon déployé tout entier en tirailleurs, les deux autres en colonne de peloton sur les ailes.

Nous gravissons au pas gymnastique le long glacis au sommet duquel nous apercevons les bâtiments de la ferme d'où part un feu nourri mais mal ajusté.

Le sous-lieutenant Petoletti tombe mortellement frappé sur la ligne des tirailleurs, et quelques hommes s'affaissent autour de moi. Les cris : « En avant ! En avant ! » précipitent la marche. Tout à coup les Prussiens font demi-tour et s'enfuient à l'abri des haies de cyprès qui couronnent le plateau avec une rapidité que je n'aurais jamais soupçonnée chez ces lourdauds. Quelques-uns perdent du terrain et jettent leurs fusils pour courir plus vite, mais sont bientôt rejoints et embrochés par nos baïonnettes.

Nous sommes maintenant sur la pente opposée ; le 2° bataillon est aux prises avec l'ennemi dans le ravin qui aboutit au Petit-Bethoncourt et nous entendons les clairons qui sonnent la charge. Nous descendons toujours en colonne de peloton, c'est-à-dire par compagnies à distance entière, les unes derrière les autres.

Le capitaine adjudant-major Trémisot, qui commande le bataillon, fait mettre l'arme sur l'épaule droite et prendre le pas cadencé, puis indique à mon guide l'extrémité du bois Bourgeois comme point de direction.

Je regarde curieusement le panorama du champ de bataille. Dans le fond serpente la Lisaine, et de l'autre côté, se dresse comme un retranchement le remblai du chemin de fer qui passe entre cette rivière et les maisons du Grand-Béthoncourt. Sur la rive droite une fusillade nourrie part du hameau du Petit Béthoncourt et du cimetière voisin, qui ont été mis en état de défense par les pionniers allemands les jours précédents.

A mi-côte des hauteurs de la rive opposée on distingue des lignes régulières qui épousent les formes du terrain : ce sont les tranchées-abris d'une position de repli organisée par les défenseurs du village; plus loin sur notre droite, une grande ferme, la Grange-aux-Dames, où il me semble reconnaître un groupe de batteries. Plus encore à droite et à 2.000 mètres environ surgissent de la vallée les toits de Montbéliard et la silhouette massive de son vieux château flanqué de tours en éteignoir.

Tout à coup un souffle puissant suivi d'une explosion formidable, déchirent l'air à quelques pas devant moi. C'est un obus de 24 venu de la Grange-aux-Dames ou du château de Montbéliard qui sont garnis de pièces de gros calibre prélevés sur le parc de siège de Belfort. Un second ronfle entre ma compagnie et celle qui la suit, et toute la gerbe de mitraille balaie la neige derrière nous sans tuer personne. Les détonations se succèdent sans relâche, mais soit précipitation des artilleurs prussiens, soit effet du hasard, la plupart des projectiles éclatent trop haut ou trop bas.

Les premiers passent par-dessus nos têtes, les seconds font explosion dans l'entonnoir qu'ils ont creusé. De ce volcan en miniature jaillissent de la terre, de la neige et des éclats de fer qui retombent en pluie tout autour de nous.

Mieux dirigés, deux de ces énormes obus arrivent en plein dans les dernières compagnies et broient une vingtaine de zouaves.

L'instant est solennel! Nous sentons obscurément qu'il faut distraire nos hommes de la préoccupation angoissante d'un nouveau coup heureux et alors, nous nous retournons face au premier rang et comme au défilé, on entend d'un bout à l'autre du bataillon les cris de « Sortez la gauche! Avancez la droite! Desserrez-vous au centre! Numéro sept! Appuyez sur la crosse! » puis nous nous remettons face à l'ennemi jusqu'à l'obus suivant.

Nous parvenons ainsi jusqu'à une cinquantaine de pas du but, ayant exécuté crânement cette belle marche de 800 mètres sous le feu de ces pièces de gros calibre, lorsque le commandant du bataillon a la fâcheuse inspiration de commander : « Pas gymnastique » ! et voilà toute la colonne qui s'ébranle et arrive en courant à la lisière du bois Bourgeois.

J'atteins la lisière opposée tandis que le reste du bataillon se reforme à l'abri des vues de l'ennemi qui, ne nous distinguant plus, cesse de nous canonner. Cependant l'apparition des culottes rouges a déclanché instantanément le feu des tirailleurs prussiens couchés derrière le remblai du chemin de fer, à 500 mètres à peine, et une grêle de balles crépite dans les branches du taillis au-dessus de nos têtes. Je riposte énergiquement et les Prussiens se terrent. C'est le moment de gagner du terrain, je tire mon sabre et au moment de crier « en avant », j'aperçois une masse confuse qui se replie en désordre du Petit-Bethoncourt sur le bois Bourgeois. C'est notre 2º bataillon qui, emporté par son ardeur, a été décimé par l'artillerie de siège de la Grange-aux-Dames renforcée de quatre batteries de campagne et le feu meurtrier des fantassins allemands retranchés dans les deux Bethoncourt.

Une de ses deux compagnies a pu franchir la Lisaine sur un barrage fait avec du fumier par les pionniers ennemis qui ont fait sauter le pont, et s'est emparée d'une maison sur la rive gauche. Elle s'y maintient quelque temps, mais un bataillon badois arrive au secours des landwehriens et elle est obligée de repasser la rivière sous un feu destructeur.

Une cinquantaine d'hommes commandés par le sous-lieutenant Maheu se jettent alors dans le cimetière, où ce brave officier grièvement blessé et entouré de toutes parts doit se rendre aux Prussiens, qui lui laissent son épée en témoignage d'estime pour son éclatante bravoure.

Il est trois heures et demie, l'attaque est manquée, faute d'artillerie pour appuyer notre mouvement. Une seule batterie de 4 de montagne, celle qui nous a accompagnés au début de l'occupation du Montchevis a bien essayé d'entrer en action, mais prise à partie par les grosses pièces de la Grange-aux-Dames, elle a dû abandonner une partie aussi disproportionnée.

Vers quatre heures seulement, six batteries dont deux de 8, trois de 4 et une de mitrailleuses viennent enfin couronner le plateau et ouvrent un feu très vif. Hélas ! il est trop tard, et notre élan est brisé.

En résumé, là, comme partout, c'est l'artillerie prussienne qui a sauvé son infanterie très inférieure en nombre. Notre offensive mieux soutenue aurait dû la déloger de Bethoncourt. Mais le général Dastugue qui dirige le combat sur ce point n'a engagé que deux bataillons français contre les deux bataillons ennemis retranchés derrière la Lisaine et appuyés par une formidable artillerie. Sur le théâtre de la lutte ce sont donc les Allemands qui en réalité ont la supériorité des forces.

A la nuit close, ne recevant pas d'ordres, je rassemble ma compagnie et je remonte vers le Montchevis où je trouve les débris du régiment en train de se reconstituer autour de la ferme. Les Prussiens y ont accumulé heureusement paille et fagots, et grâce à leur prévoyance nous avons ce qu'il faut pour ne pas mourir de froid.

Par contre, pas de distribution ! Le convoi n'a pas rejoint et nous sommes obligés de nous contenter d'un peu de café dans lequel nous essayons de faire dégeler notre biscuit qui est devenu dur comme la pierre.

XV

UNE PARTIE D'ÉCARTÉ SOUS LES OBUS

Le 16 janvier, réveil en musique ! Ce sont les canons de la Grange-aux-Dames qui nous donnent une retentissante aubade.

En un clin d'œil, tout le monde est sur pied, et le régiment prend aussitôt sa formation de combat : le 1er bataillon en première ligne couvrant la ferme du Montchevis ; les deux autres un peu en arrière.

Le capitaine adjudant-major Trémisot me conduit avec la 2e compagnie en contre-bas d'une baraque construite en bois et torchis, transformée en dépôt de blessés et qui avait été aménagée dans ce but par les Prussiens, les jours précédents; puis, il nous place à mi-pente, face à la Grange-aux-Dames. Deux autres compagnies sont en soutien derrière nous, abritées par un ravin qui descend vers le Petit-Bethoncourt, et les deux dernières à côté de cette ambulance improvisée, où flotte le drapeau à croix rouge de la Convention de Genève.

La station s'annonce longue; aussi, après avoir déployé mes hommes en tirailleurs, j'envoie une corvée chercher, au milieu des obus, la paille que nous avons laissée au bivouac et je la fais répartir, par petits tas, tout le long de la ligne, pour isoler mes zouaves du contact glacial du sol recouvert d'un épais tapis de neige.

Nous resterons là immobiles sous la canonnade jusqu'à onze heures.

Vers sept heures, une batterie de 4 vient prendre position un peu à droite de la ferme, mais elle est balayée, comme un fétu de paille, par les formidables projectiles de la Grange-aux-Dames et obligée d'amener les avant-trains au bout de quelques minutes d'un duel inégal.

Libre alors de se consacrer tout entière à

sa mission de protection de son infanterie, l'artillerie prussienne ouvre successivement le feu sur tout ce qui bouge sur le plateau. C'est ainsi que le régiment des mobiles de la Nièvre placé en soutien de notre gauche, est salué d'une grêle d'obus au moment où il se prépare à descendre sur le bois Bourgeois et contraint à se replier dans le ravin du bois de Montevillars.

Un lieutenant-colonel d'artillerie, qui s'avance seul à cheval pour reconnaître la position, est immédiatement pris pour cible, et un obus éclate à quelques mètres à peine de lui, témoignant ainsi de la redoutable précision du tir de l'ennemi.

Ce brave officier sort froidement sa jumelle et cherche à découvrir les emplacements des batteries allemandes, puis fait demi-tour et disparaît. Quelques minutes après, nous entendons un sourd grondement et nous voyons surgir sur la crête une ligne sombre qui arrive au galop.

Un commandement retentit et cette masse s'arrête, tourbillonne sur place, et repart à toute allure, laissant quarante pièces qui s'illuminent d'éclairs. Le spectacle est grandiose :

deux batteries de 8, quatre batteries de 4 et une de canons à balles croisent leur feu avec les quatre batteries badoises de la Grange-aux-Dames et la batterie de position, mais l'infériorité de notre matériel apparaît, lamentable. Les obus de 8 seuls peuvent franchir les deux mille neuf cents mètres qui nous séparent de l'ennemi, et ceux de 4 éclatent piteusement avant d'arriver au but.

Nous distinguons nettement. leurs petits panaches de fumée au-dessus de la vallée de la Lisaine, où il n'y a du reste personne dans cette direction, tandis que les projectiles ennemis arrivent en plein sur la ligne de nos batteries qui subissent bientôt des pertes sensibles.

Pendant ce duel terrifiant, nous sommes allongés sur nos tas de paille, recevant les coups trop courts, et notre situation n'a rien d'enviable. Cependant on s'habitue à tout, et quelques officiers qui se sont procuré, je ne sais comment, un jeu de cartes, font, au milieu de ce vacarme, une interminable partie d'écarté, pendant que mes zouaves fument tranquillement leur cigarette.

Pour mon compte, je m'amuse à regarder venir les obus. J'observe attentivement dans la direction où la fumée du coup apparaît et, un instant après, je vois un petit point noir qui monte dans le ciel et grandit peu à peu. Puis la trajectoire s'incline vers nous et le messager de mort grossit à vue d'œil. Un souffle formidable ébranle l'air au-dessus de nos têtes, et presque aussitôt j'entends derrière moi le fracas de l'explosion.

— Le roi! annonce un lieutenant.

Au même moment un projectile de 24 éclate à quelques pas et couvre de terre le groupe des enragés joueurs. Le bruit de l'explosion est suivi d'un ronflement grave et puissant : frou! frou! frou! frou! C'est un fragment de l'énorme culot qui monte perpendiculairement et retombe au bout de quelques secondes, avec un bruit sourd, à dix centimètres de mon épaule. J'étais sur le ventre et me voici maintenant sur le dos, après avoir automatiquement exécuté un magistral saut de carpe.

— Voilà un atout plus fort que votre roi! dis-je en riant au lieutenant qui croyait avoir gagné la partie.

Il se secoue un instant, ramasse ses cartes et continue froidement :

— La dame !

C'est ainsi que nous passons agréablement le temps, et quand nous sommes rappelés sur le plateau, vers onze heures du matin, je ne laisse sur le terrain que deux hommes tués par le même obus.

Après avoir contourné la grande batterie, nous trouvons le régiment formé en colonne dans un ravin boisé qui sépare le bois de Montevillars du bois Bourgeois. Une fois réunis, nous nous acheminons vers le Grand-Bethoncourt où la 1re brigade tout entière doit renouveler l'attaque de la veille.

XVI

DEUXIÈME ATTAQUE DE BETHONCOURT

Nous marchons à travers un bois épais ; et les compagnies s'égrènent, homme par homme, cherchant à se frayer un passage au milieu des taillis. Ce mouvement n'échappe pas au commandant de la maudite batterie de la Grange-aux-Dames, et il fait tirer maintenant au jugé dans la direction où il suppose que nous allons déboucher, c'est-à-dire sur la limite du bois Bourgeois.

Cette décision fait honneur à sa perspicacité, car les obus nous accompagneront jusque dans la vallée, semant le désordre et l'effroi dans les troupes qui progressent lentement au travers des fourrés. Ils fracassent les plus gros arbres comme de simples baliveaux et éclatent avec un bruit épouvantable que prolonge le sifflement des shrapnells, le hurlement des gros éclats et les grondements sourds des culots.

A chaque instant nous butons contre des cadavres laissés par les troupes qui nous précèdent, ou bien nous nous heurtons à des embusqués tapis derrière d'énormes troncs. Ils sont là, inertes et tremblants à chaque explosion, véritables loques humaines que les coups de crosse sont impuissants à déloger de leur abri.

Enfin nous parvenons au milieu d'une clairière qui s'étend entre deux croupes boisées et où s'élève une espèce de rendez-vous de chasse. Nous nous reformons en colonne et, sur l'ordre du commandant du corps d'armée, le général Martineau-Deschenez, nous tournons à droite et nous descendons à travers le bois Bourgeois, mais en arrivant sur la lisière qui fait face à Bethoncourt, je n'ai plus derrière moi que la 2ᵉ compagnie commandée par mon ami Thévenot en remplacement de son capitaine qui vient de prendre les fonctions de chef de bataillon. L'adjudant-major Trémisot a disparu, et nous ne le reverrons plus que le vingt janvier, au moment où nous protègerons la retraite de la division sur Clerval. Mais, cette fois, il filera encore à l'anglaise et ne reviendra plus.

Ainsi que nous le saurons plus tard, le régiment s'est égaré dans les bois après avoir essayé vainement de déboucher dans la vallée et a fini par remonter sur le plateau de Montchevis. Je reste donc seul avec mes deux compagnies et je cherche aussitôt à reconnaître ce que j'ai sur mes flancs.

A ma droite, le bois Bourgeois, dans sa partie la plus voisine de Bethoncourt, regorge de monde. Il y a, massés dans cet étroit espace, le 1er bataillon des mobiles de la Savoie et les 1er et 3e bataillons des mobiles de la Nièvre, auxquels le général Minot fait prendre un dispositif d'attaque : trois compagnies de la Savoie déployées en tirailleurs, suivies de quatre autres en soutien; trois compagnies du 3e bataillon de la Nièvre en troisième ligne, à deux minutes de distance; les quatre autres et le 2ᵉ bataillon en quatrième ligne.

Faute de munitions, notre artillerie cesse à ce moment de tirer, juste à l'instant où elle allait être le plus utile.

Un silence de mort règne sur la vallée, et comme par un accord tacite, le feu cesse des deux côtés.

Je m'avance près des Savoyards, rangés l'arme au pied sur la lisière du bois, et tout d'un coup, j'entends le commandant Costa de Beauregard leur crier d'une voix forte :

— Mes enfants, dans quelques minutes, beaucoup d'entre vous seront tués pour la France. Si vous voulez mourir en chrétiens, monsieur l'Aumonier va vous donner l'absolution.

A ces mots, tous les Savoyards se mettent à genoux, le prêtre appelle la miséricorde divine sur ceux qui vont s'immoler pour la patrie, je le vois tracer dans l'espace le signe de la rédemption; puis tous ces braves gens se relèvent lentement, l'air calme et résolu, prêts à se ruer dans la carrière de l'assaut.

C'est un glacis découvert, de six à sept cents

mètres, qu'il s'agit de franchir pour arriver à la Lisaine, sous le feu d'un bataillon couché à l'abri du remblai de la voie ferrée, de l'autre côté de la rivière, et de deux compagnies embusquées sur le flanc de l'attaque derrière les murs épais du cimetière et dans les maisons du Petit-Bethoncourt.

A ma gauche, un bataillon de tirailleurs algériens, en formation de combat, attend impatiemment lui aussi, le signal de l'attaque.

Je reviens devant le front de ma compagnie et je regarde ma montre : il est trois heures dix. Quelques instants après, la charge éclate du côté des mobiles et, comme une traînée de poudre, est sonnée à pleins poumons par mon unique clairon et par tous ceux des tirailleurs.

« Il y a la goutte à boire là-haut! Il y a la goutte à boire! »

Mon cœur bondit dans ma poitrine, je tire mon sabre et je m'élance droit sur la Lisaine qui, de ce côté, n'est qu'à quatre cents mètres du bois. Tous mes zouaves sont sur mes talons; à ma gauche les Turcos bondissent comme des panthères et poussent des cris qui n'ont rien d'humain.

Un grand nègre qui a dépassé la gauche de ma compagnie, montre l'éclair de ses dents dans sa face épanouie et lâche ses coups de fusil en l'air comme dans une fantasia.

Les balles sifflent autour de nous, cassent les têtes, trouent les poitrines ; nous allons toujours, gris d'enthousiasme, ivres de mouvement. Ah! la furia française n'est pas un vain mot!

Nous voici tout près de la Lisaine, nous distinguons déjà les physionomies des Prussiens dont la tête dépasse seule le remblai du chemin de fer, nous allons donc pouvoir jouer de la fourchette. Je hurle : « En avant! en avant! à la baïonnette! » et tout d'un coup, je crie : « Halte! »

Devant moi, l'eau s'étend profonde et limpide!

Les rosses! Ils ont fait sauter la glace pendant la nuit et il est impossible de traverser la rivière!

Quelques turcos s'y jettent et s'y noient. Un

de mes vieux zouaves les imite, il disparaît aussitôt sous mes yeux.

Alors je crie : « En retraite », et suivi par ce qui me reste de monde, je gagne à toute vitesse la route de Bussurel à Bethoncourt, qui est légèrement en déblai à cent cinquante mètres de nous.

J'y arrive sans trop de pertes parce que les Prussiens visent surtout le bataillon de tirailleurs, qui a un plus long parcours pour rentrer sous bois et qui laisse une longue traînée de morts et de blessés derrière lui.

Nous nous aplatissons contre le talus ; et nous ripostons avec rage, furieux de notre impuissance.

Sur ma droite, le spectacle que j'entrevois est terrifiant. Le bataillon des mobiles de la Savoie est venu se heurter lui aussi à l'inviolable obstacle. Les Prussiens se sentant hors de toute atteinte, tirent comme à la cible dans la masse profonde qui est sortie du bois Bourgeois.

Les quatre batteries badoises et les six pièces de position de la Grange-aux-Dames criblent de leurs obus ce rectangle de trois cents mètres de front sur quatre cents mètres de profondeur qui est en même temps fusillé de face par deux bataillons et de flanc par les défenseurs du Petit-Bethoncourt.

Les compagnies de la Nièvre, qui forment les troisième et quatrième lignes de cette formation bizarre ne comprennent pas pourquoi la Savoie s'arrête. Leurs officiers crient : « Qu'y a-t-il ? » et on entend aussitôt des voix qui clament éperdument : « La rivière est infranchissable ! »

Les Nivernais se couchent alors derrière un pli de terrain et ouvrent un feu terrible sur les deux compagnies du Petit-Bethoncourt qui sortent en ce moment du cimetière et des maisons, où elles étaient restées embusquées jusque-là, pour envelopper la masse confuse des Savoyards. Celle-ci tourbillonne un moment devant la Lisaine et se replie ensuite, partie sur le bois Bourgeois, partie vers l'abri que j'occupe. Enfin la Nièvre se retire à son tour quand elle a fini de protéger la retraite.

Toute la plaine est noire de morts et de mourants.

Le bataillon de la Savoie a perdu la moitié

de son effectif, les compagnies engagées de la Nièvre, le tiers ; dans cet étroit espace l'ennemi a couché plus de six cents hommes.

Une cinquantaine de Savoyards et quelques officiers sont venus s'abriter derrière mon talus et tirent avec mes zouaves sur les Prussiens qui débouchent du Grand-Bethoncourt. Le pont a bien été détruit, mais ils ont comblé le lit de la rivière en aval avec du fumier et ils ont réussi à élever ainsi d'un mètre le niveau de la Lisaine qui n'est en temps ordinaire que de un mètre vingt. Nous les voyons passer un à un sur ce barrage et se déployer ensuite à hauteur des deux compagnies du Petit-Bethoncourt.

Pendant ce temps, nous causons avec animation entre officiers des deux corps, lorsqu'un obus éclate à quelques pas de nous, coupant littéralement en deux un lieutenant de la Savoie, et ouvrant le ventre à un malheureux capitaine. Presque au même instant, je suis renversé par un choc violent à la poitrine, et je reste sans mouvement sur le chemin. Je fais de vains efforts pour respirer, et j'ouvre la bouche comme un poisson sorti de l'eau sans pouvoir faire arriver un peu d'air à mes poumons. Mes tempes bourdonnent violemment et tout tourne autour de moi : le talus, les zouaves, les moblots et le bois Bourgeois. Cette fois, je dois avoir mon compte et il me semble que je vais mourir ; mais non ! pas encore, et grâce à Dieu, voici que je commence à respirer faiblement.

Je réussis à reprendre haleine, et me soulevant sur mes genoux, je cherche à entr'ouvrir ma tunique ; opération bien compliquée pour l'instant, car j'ai mon puncho, et ma ceinture de zouave m'entoure le cou en guise de cache-nez.

Je dois être transpercé de part en part tellement je souffre, et pourtant je n'ose pas regarder ma poitrine de peur de la terrible certitude. Timidement je passe ma main sous mes vêtements et je la retire en tremblant. Oh ! bonheur ! Il n'y a pas de sang ; alors j'abaisse mes yeux sur l'entre-bâillement de ma chemise et je suis aussitôt rassuré. C'est le culot de l'obus qui a dû, comme celui d'hier, monter en l'air et retomber obliquement sur ma poitrine, heureusement préservée par la triple épaisseur de la ceinture, de la demi-couverture, et de la tunique. Ma peau est terriblement tuméfiée et d'un beau noir bleuâtre sur une surface grande comme les deux mains. J'examine le sol autour de moi et j'aperçois le morceau de fonte auteur de ce méfait, un magnifique culot de 24 centimètres de diamètre. C'est miracle que je n'aie pas été tué raide !

A mes côtés, un homme gémit douloureusement et crie qu'on l'achève. C'est le capitaine de la Savoie qui a une partie des intestins arrachés et doit éprouver des douleurs intolérables. Il supplie ses camarades de l'achever ; mais ceux-ci n'osent pas lui rendre ce dernier service, bien qu'il n'y ait absolument aucun espoir de le sauver. Soudain, il s'adresse à moi et me crie lamentablement de lui passer mon revolver.

J'hésite une seconde, mais une immense pitié fait taire les scrupules de ma conscience et je lui tends l'arme en détournant la tête. Une détonation ! Le malheureux à cessé de souffrir.

Quelques minutes après, la charge retentit

de nouveau dans le bois Bourgeois, et tout un bataillon de mobiles de la Charente s'élance à son tour dans la carrière. Vains efforts ! Il est écrasé aussitôt par le même feu qui a anéanti la première attaque, et ses débris se replient derrière le chemin direct de Bassurel à Montbéliard, situé un peu en arrière de celui qui mène à Bethoncourt; quatre officiers et plus de cent cinquante hommes sont encore couchés sur la plaine fatale.

Vers quatre heures, de nouveaux bataillons de mobiles viennent pour la troisième fois se masser dans ce même bois, et soutenus par le 16ᵉ de ligne, surgissent de la lisière aux sons de la charge, mais leur élan est encore brisé par le feu destructeur des pièces de siège. Enfin, vers quatre heures et demie, un sous-officier envoyé en reconnaissance revient me prévenir en courant que tout le monde est en train de remonter sur le plateau de Montchevis.

La deuxième tentative de franchissement de la Lisaine a échoué comme la première et pour les mêmes raisons. Notre artillerie, faute de munitions, a cessé de nous appuyer, au moment précis où il fallait empêcher les batteries allemandes de nous écraser. Le haut commandement, qui a été au-dessous de tout, n'a pas fait reconnaître le terrain et nous a lancés contre un obstacle insurmontable ! Au lieu de déployer deux brigades sur une longue ligne débordant les ailes de l'ennemi, il a engagé seulement neuf bataillons, trois par trois, toujours sur le même point et à une heure d'intervalle, permettant ainsi aux Prussiens de concentrer leur feu sur ces faibles colonnes d'assaut. Et pendant ce temps, toute la division Robillard stationne l'arme au pied sur le plateau de Montchevis !

Cependant voici le jour qui décroît, la fusillade s'éteint peu à peu des deux côtés, puis cesse complètement à cinq heures.

Les débris des mobiles de la Savoie qui étaient venus se réfugier près de moi, me quittent en ce moment pour essayer de retrouver le gros de leur bataillon, et je reste seul devant l'ennemi avec deux compagnies singulièrement réduites.

Je jette un regard autour de moi ; je n'ai plus qu'une centaine d'hommes, mais ils ont l'air si confiants et si résolus, que je reprends courage, et puis je suis heureux de me sentir encore vivant malgré le formidable atout de tout à l'heure.

La nuit tombe rapidement, lorsque tout à coup survient le lieutenant-colonel Lemoing, qui commande la 2ᵉ brigade. Il est à pied et escorté seulement d'un officier et de deux turcos.

— Mon cher capitaine, me dit-il, tout le monde est parti sans se préoccuper d'une poursuite. Vous allez vous porter à l'angle du bois Bourgeois où vous tiendrez coûte que coûte, s'il se produit un retour offensif. Il y va du salut de tous et je sais que je puis compter sur vous ! Allez !

Puis, se retournant au bout de quelques pas :

— Vous pourrez rentrer vers dix heures, car les Prussiens doivent aussi en avoir assez, et s'ils ne bougent pas d'ici là, c'est qu'il n'y aura plus rien jusqu'à demain.

Et après un instant de réflexion :

— Je préviendrai les grand'gardes afin qu'on ne vous tire pas dessus à votre retour.

Je me mets en demeure d'exécuter aussitôt cet ordre et, à la faveur de l'obscurité, je gagne le saillant Est du bois qui est encombré de cadavres.

J'établis ensuite mes deux compagnies à un pas en arrière de la lisière, et couvert à deux cents mètres par des éclaireurs qui ont l'ordre de se replier, en démasquant le front en cas d'attaque de l'ennemi, j'attends les événements.

La nuit est venue, le firmament s'illumine d'étoiles qui répandent une faible clarté sur cet horrible champ de carnage. La paix du soir n'est troublée que par les gémissements des blessés, que les ambulanciers allemands sont en train de relever à la lueur des lanternes sous la protection des drapeaux blancs. Sur ma gauche un chant lugubre monte vers le ciel : ce sont les Turcos qui enlèvent leurs morts et qui psalmodient de leur voix gutturale une sorte de litanie bizarre.

— La Illah : Mohammed rassoul Allah : La Illah ! Mohammed rassoul Allah !

« Il n'y a de Dieu que Dieu et Mohammed est son prophète. »

Lentement, les unes après les autres, les lumières s'éteignent, les dernières notes de la funèbre mélopée expirent dans la paix du soir, et toute la vallée s'emplit de silence et de mystère.

Le froid est devenu horrible, et ceux des blessés qui n'ont pas été relevés ont dû mourir gelés, car toute plainte a cessé.

Soudain une ombre apparaît sous la neige, un homme s'approche rapidement et murmure à voix basse :

— Quelque chose remue là-bas, mon capitaine ! On dirait qu'ils viennent !

— C'est bien, allez prévenir vos camarades.

Le zouave repart et, un instant après, mes éclaireurs démasquent mon champ de tir. J'écoute attentivement et je perçois un bruit de bottes écrasant la neige. Plus de doute, ce sont eux ! Je fouille d'un regard aigu le glacis qui monte en pente douce de Bethoncourt jusqu'au bois ; une masse confuse surgit maintenant à mi-chemin. Peu à peu les formes se précisent et je distingue enfin une ligne épaisse de tirailleurs qui marchent sur moi.

J'ai prévenu tout à l'heure qu'on ne tirerait

que par feux de salve et à mon commandement.

La silhouette des assaillants grandit, il n'y a pas de temps à perdre, et aussitôt je commande à demi-voix :

— A trois cents mètres; joue! — Puis à pleins poumons : — Feu.

Mes zouaves n'ont jamais tiré avec un pareil ensemble, et comme ils ne reçoivent pas de coups de fusils, ils ont visé au ras du sol ainsi qu'à l'excercice.

J'entends « Forwerz! Forwerz! Hourrah! Hourrah! » mais les voix qui me parviennent ne semblent pas très affermies. Il y a visiblement de l'hésitation chez mes adversaires et j'envoie salves sur salves, puis je laisse la fumée se dissiper pour observer les résultats.

L'ennemi s'est évanoui. Je n'entends plus qu'un bruit confus qui va en décroissant; j'écoute, plus rien!

La plaine est redevenue silencieuse et muette.

Ma mission est remplie maintenant, et ces gens-là doivent être dégoûtés de ma réception;

aussi à dix heures, je fais mettre mes hommes à la file indienne, je place en queue mon lieutenant et je prends la tête pour conduire, car ça ne sera pas commode de remonter dans l'obscurité.

Pourvu que les grand'gardes ne nous tirent pas dessus ! Je suis inquiet, parce que je n'ai pas le mot, mais bah ! je me ferai reconnaître, et avec mon uniforme, de près, il n'y a pas moyen de se tromper.

Je m'élève lentement vers la ligne des feux qui scintillent là-haut à quinze cents mètres au moins, et tout à coup, j'entends rabattre le levier d'un chassepot et une voix crier : « Qui vive ! »

— France, premier régiment de marche de zouaves !

— Avance au ralliement !

J'arrête mes hommes et je m'approche seul, après avoir enlevé mon puncho pour qu'on voie mes galons. La sentinelle a été heureusement avertie et nous laisse passer sans difficultés.

Un quart d'heure après je débouche auprès de la ferme du Montchevis, et, laissant mes compagnies devant la porte, j'entre dans une grande salle où une dizaine de généraux et d'officiers supérieurs sont assis autour de la cheminée.

Le lieutenant-colonel Lemoing fait partie de ce groupe et accourt aussitôt à ma rencontre. Il me saute au cou et m'embrasse sur les deux joues.

— Tous mes compliments, mon cher capitaine ; nous avons entendu tout à l'heure vos feux de salves. L'ennemi n'ayant pas riposté et vous n'ayant plus tiré, j'ai conclu qu'il avait été surpris alors qu'il croyait vous surprendre. Bien manœuvré. Maintenant je vais vous faire conduire au bivouac de votre régiment, car vous devez être éreinté ainsi que vos zouaves. Je n'oublierai pas ce que vous avez fait ce soir, et si nous sommes encore en vie après la guerre, comptez sur moi, mon ami !

Ce chef incomparable, ce vaillant soldat, devait trouver une mort glorieuse sur les barricades des insurgés de la Commune, quelques mois plus tard.

Pour moi, tout à la joie d'avoir fait mon devoir, je ne songe plus à ma terrible contusion, et plus tard dans le désarroi de la retraite, je ne la fis pas constater davantage. Ainsi l'unique blessure que j'aie jamais reçue dans mes nombreuses campagnes, ne figure pas sur mes états de service.

Mon régiment est heureusement bivouaqué tout près de la ferme et grâce aux débrouillards que j'ai encore dans le rang, tous vieux soldats, à Augustin surtout, ma compagnie est pourvue au bout de quelques instants de la paille et du bois indispensables pour passer la nuit, mais le verglas a empêché le convoi du régiment de nous rejoindre sur le plateau, et nous n'avons plus de vivres!

Par bonheur, un homme égaré de la compagnie Ferriol, l'a rencontré au bas de la pente et revient à ce moment chargé de provisions que les conducteurs distribuent généreusement sur la route du bois Berceau aux artilleurs et aux tringlots au lieu de nous les apporter... S'il a du lard et du biscuit, mon camarade n'a pu se procurer de combustible et, en échange de l'hospitalité sommaire que je lui offre au coin de mon feu, il me fait part fraternellement de ses provisions.

A ce moment, une vive fusillade éclate sur la pente que nous avions montée tout à l'heure ; puis cinq minutes après un clairon sonne « Cessez le feu ».

C'est la grand'garde de la légion qui tire sur celle des tirailleurs, et celle-ci riposte sans grand mal de part et d'autre, et tout retombe dans le silence.

Heureux encore que les batteries allemandes ne tirent pas sur notre longue ligne de feux de bivouac, mais nos ennemis doivent commencer à manquer de munitions et estiment sans doute que le jeu n'en vaudrait pas la chandelle.

XVII

L'ANTICHAMBRE DE LA MORT

Le troisième jour de la bataille de la Lisaine se passe pour nous sans incidents qui méritent d'être signalés.

Le 1er zouaves de marche reçoit l'ordre de s'établir à la droite des batteries qui ont entamé dès l'aube une lutte acharnée avec les pièces de position de la Grange-aux-Dames ; puis, sur de nouvelles instructions, il défile comme la veille en arrière du plateau du Montchevis et va occuper la clairière située entre le bois Bourgeois et le bois de Montevillars.

Notre division a été relevée par la deuxième qui s'établit face à Bethoncourt, dans le bois

Bourgeois et sur les pentes qui descendent vers la vallée.

Vers midi, les Prussiens essaient de prendre à leur tour l'offensive, et une ligne de tirailleurs marche rapidement sur nos batteries. Les balles sifflent bientôt aux oreilles de nos artilleurs, et tout à coup on entend les cris de « A nous l'infanterie » !

La première ligne se précipite à la baïonnette et dans une charge furieuse, le 5ᵉ bataillon de chasseurs de marche et les 2ᵉ et 3ᵉ bataillons de légion étrangère, rejettent les assaillants sur Bethoncourt et les poursuivent jusqu'à la Lisaine. Leurs braves officiers encouragés par ce succès, crient de toutes parts : « En avant ! En avant ! enlevons les batteries » ; et tout d'un coup, eux aussi : « Halte », devant l'indéfectible obstacle.

Chose incroyable ! Ces excellentes troupes n'ont pas été prévenues de l'impossibilité de franchir la rivière, et le général Robillard, qui a assisté la veille à l'hécatombe de la Savoie, n'a pas eu l'idée de les informer de ce détail, dont l'importance est pourtant capitale.

Nos tirailleurs exaspérés font demi-tour et battent en retraite sous le feu destructeur des canons de la Grange-aux-Dames, laissant encore sur ces rives maudites plusieurs centaines de morts et de blessés.

Cette fois, notre offensive est définitivement brisée ; et peu à peu les batteries françaises et prussiennes cessent de tirer, faute d'objectif.

En arrivant à la clairière où s'élève le rendez-vous de chasse, mon régiment se forme sur une seule ligne et nous attendons sac au dos, sous une pluie fine qui pénètre nos vêtements et transforme bientôt la neige piétinée en boue glaciale.

On profite de ce rassemblement pour faire l'appel, et le résultat est navrant. L'effectif pour vingt et une compagnies ne s'élève pas à plus de douze cents hommes.

Pour mon compte, je n'ai plus que quarante-huit zouaves et dans quel état ! Couverts de haillons, hâves, décharnés, les yeux enfoncés dans leurs orbites, les traits tirés et la face crispée par la faim. Ils sont presque tous atteints de rhumes et de bronchites aiguës et comme abêtis par les souffrances et les privations, mais sous cette apparence trompeuse, les vieilles qualités de la race restent intactes. Une sonnerie de clairon et leur regard étincelle, un mot vibrant de leur capitaine et ils se redressent menaçants, un cri de « En avant » et les voici prêts à bondir dans la mêlée.

Il ne reste plus que deux chefs de bataillon, dont un commande le régiment, huit capitaines et vingt-deux lieutenants ou sous-lieutenants, sur soixante-seize présents à Vierzon. Plus de la moitié des officiers a été tuée, blessée ou est entrée à l'ambulance !

Vers onze heures du matin, on nous permet d'allumer des feux et nous nous groupons silencieusement autour des maigres foyers. Le bois est vert et nous disparaissons dans une épaisse fumée qui nous prend à la gorge et nous suffoque. En vain nous tournons le dos au vent, l'obstacle de nos corps détermine des remous dans la masse gazeuse et nous sommes poursuivis par d'âcres tourbillons qui viennent brûler nos yeux larmoyants.

A la nuit tombante, le bataillon prend la

grand'garde et ma compagnie, couverte par un petit poste et une ligne de sentinelles doubles, s'établit auprès du rendez-vous de chasse.

Nous pataugeons dans la neige fondue et c'est avec les plus grandes difficultés que je réussis à placer mes factionnaires à cheval sur un chemin forestier qui mène à Bethoncourt, par conséquent à l'ennemi. Je fais jalonner avec des branchages les itinéraires à suivre depuis le petit poste placé à cent mètres en arrière, afin que la relève ne s'égare pas dans l'obscurité et je reviens à ma réserve derrière les faisceaux.

L'horrible faim tiraille mes pauvres soldats. Il y a trois jours qu'on n'a pas fait de distributions et nous n'avons vécu que de quelques débris de biscuit trempés dans du mauvais café, mais, ce soir, il n'en reste plus un seul morceau dans toute la compagnie et tout à l'heure j'ai payé cinq francs une croûte de pain dur large comme les quatre doigts que m'a cédée un moblot rencontré par hasard.

Vers minuit heureusement, on vient me prévenir que le convoi a enfin rejoint le régiment et qu'on va nous distribuer un jour de vivres. Je commande à la hâte une corvée qui revient au bout d'une demi-heure avec du pain, du lard, du sucre, du café et du riz.

Il y a même un bidon d'eau-de-vie, mais l'homme qui le portait est abominablement ivre et je constate avec désespoir qu'il en a bu une partie et renversé l'autre. Le gredin est du reste plongé dans une douce gaieté. Il rit bêtement à toutes mes questions et mes zouaves exaspérés tombent sur lui à coups de pieds, à coups de poings, pendant que l'ivrogne pousse des cris perçants. Ils le tueront certainement si je n'interviens pas dans la bagarre! J'écarte aussitôt les plus acharnés et pour calmer leur juste fureur je décide que le voleur sera attaché pieds et poings derrière le dos et jeté dans le fossé de la route où il cuvera son alcool.

L'ordre est exécuté, et en moins de temps que je n'en mets à le raconter, le coupable est déposé comme un paquet inerte dans un trou plein de neige; mais s'il existe une Providence pour les braves gens, il en est une aussi pour les ivrognes et le lendemain matin ses camarades le trouveront en parfaite santé et dormant du sommeil du juste.

La quantité incroyable d'eau-de-vie qu'il avait dû absorber, deux litres pour le moins, l'avait préservé du froid par un développement excessif des combustions organiques, source de la chaleur animale. Il ne s'était même pas enrhumé après une nuit passée à la crapaudine dans la neige fondue!

Vers deux heures du matin tout le monde a mangé et malgré la pluie et le froid, notre situation serait supportable sans le voisinage de ce rendez-vous de chasse. C'est une grande cabane en troncs d'arbres qui doit servir en temps ordinaire d'abri aux chasseurs et qui est actuellement encombrée de blessés appartenant à tous les corps de la division.

Tandis que nos formations sanitaires reposent en paix sur les derrières de l'armée, cette ambulance improvisée ne possède ni médecins, ni infirmiers, ni médicaments, et quand je me décide à y entrer, je recule devant un spectacle digne de l'enfer du Dante.

Un capitaine de mobiles est étendu depuis la

veille en travers de la porte et je dois enjamber son corps pour pénétrer à l'intérieur où des voix déchirantes me supplient aussitôt de les débarrasser des cadavres.

Là, comme à l'hôpital, le misérable que torture la douleur a l'effroi mystérieux de l'au delà.

Par toutes ses énergies, il se cramponne désespérément à la vie et, pour ne pas amoindrir ce qui lui reste de confiance dans cette lutte suprême, il a horreur de tout ce qui peut lui rappeler le néant où il va être plongé à son tour.

Les vivants demandent qu'on expulse les morts et je sors un instant pour commander la macabre corvée. A tâtons, dans les ténèbres qu'éclaire par intervalles un jet de flamme jailli d'un tison qui nous sert de lanterne, mes zouaves vont à la recherche de ceux qui ont cessé de souffrir.

Ils franchissent les corps pantelants et posent leurs pieds avec précaution pour ne pas froisser les membres déchiquetés ou troués par la mitraille. Nous entendons les imprécations ou les cris de douleur des malheureux qu'ils ont heurtés sans le vouloir, puis, une fois au dehors, ils empilent les cadavres par couches successives de six, alternées en sens contraire, ainsi qu'on fait des traverses de chemin de fer.

Le tas lugubre grossit peu à peu, et avec le froid qui est revenu à la fin de la nuit, tous les corps sont bientôt raidis et alignés comme des pièces de bois.

Dans l'antre sinistre, ce sont maintenant de nouvelles plaintes; les uns réclament un médecin avec des accents déchirants; d'autres blasphèment en maudissant le ciel, la patrie et leurs chefs.

Il y a longtemps cependant que j'ai prévenu le commandant du régiment et je m'étonne qu'à défaut du personnel de l'ambulance on n'ait pas encore pu trouver notre médecin-major. Il arrive enfin à deux heures et demie d'Allondans, où il a passé la nuit à soigner nos blessés des jours précédents; ceux du moins qui ont pu s'y rendre individuellement, car faute de moyen de transport, les autres ont dû mourir sur place, à l'exception de ceux qui ont été relevés par les ambulances prussiennes.

Il prend sa boîte de chirurgie qu'il dépose sur un sac près de l'entrée, et, à la lueur d'une lanterne que tient un des infirmiers régimentaires, se met en devoir d'en sortir les instruments de torture. La vue des pinces, des sondes, des ciseaux, des couteaux et de la scie à amputation me fait froid dans le dos, tandis que les gémissements cessent comme par enchantement dans la foule des patients qui redoutent à présent l'approche de celui qu'ils réclamaient si impérieusement tout à l'heure.

Il a apporté tout ce qu'il faut, tout, à l'exception du baume magique qui supprime la souffrance et qu'il a fait demander vainement aux ambulanciers amateurs attablés autour d'un repas copieux dans une maison de Saint-Julien. Ces messieurs ont exigé un ordre écrit du général de division pour délivrer du chloroforme et on n'a pu trouver le grand chef au milieu des bois.

Il va donc opérer mais avec douleur, et pour encourager les malheureux qui s'effarent, il leur rappelle que cinq millions de blessés ont été « viviséqués » dans les guerres de la Révolution et de l'Empire, sans l'intervention du bienfaisant anesthésique.

Habit bas, revêtu d'une blouse de zouave, à défaut du tablier d'hôpital, les bras nus jusqu'aux coudes, de son scalpel aigu, il fouille les chairs pantelantes, extrait les projectiles arrêtés dans les tissus, taille, coupe, rogne, et je perçois le bruit de la scie qui grince sur les os au milieu des hurlements des patients.

Quelques-uns expirent entre ses mains et il crie : « Enlevez! » Deux zouaves les prennent aussitôt par la tête et par les pieds et les portent sur le funèbre échafaudage qui sert d'enseigne à cette antichambre de la mort.

— A qui le tour maintenant!

Et il passe au suivant un jeune mobile de la Nièvre, presque un enfant, qui a l'épaule brisée par un éclat d'obus et qui appelle sa maman.

Les turcos sont extraordinaires, pas une plainte ne sort de leur bouche crispée par la souffrance et ils supportent avec une fermeté stoïque les opérations les plus douloureuses.

Est-ce résignation fataliste? Est-ce moindre nervosité?

Peut-être l'une et l'autre, mais ils font l'admiration du major qui ronchonne entre ses dents et déclarent que ces bougres-là font honte aux « roumis ».

L'aube arrive sur ces entrefaites ; et le médecin qui a enfin terminé sa terrible besogne, me demande si je ne pourrais pas sustenter ces malheureux. Nous sommes bien dépourvus et c'est à peine s'il reste un peu de riz et de café. Je consulte mes zouaves, et ces braves gens sont heureux de se dépouiller de leurs dernières ressources. En un clin d'œil, on fait cuire le riz, on prépare du café, et bientôt les blessés sont réconfortés autant qu'il est en notre pouvoir.

— Nous voulons bien nous battre, disent autour de moi mes hommes à voix basse, mais qu'on ne nous laisse pas crever comme cela quand nous serons blessés !

Quelle nuit ! Je m'absorbe un moment dans mes réflexions, et je pense qu'il est prudent de soustraire les soldats à cette horrible vision des ambulances les soirs de bataille.

Où donc les ivresses et les enthousiasmes qui

emportent la foule des combattants dans un tourbillon de généreuse folie, et les précipitent dans la formidable ruée de l'assaut? Où donc l'odeur de la poudre qui grise les cerveaux, le crépitement joyeux de la fusillade qui exalte les courages, et la musique endiablée des clairons et des tambours galvanisant les bataillons aux sons héroïques de la charge? Où donc l'éclair des sabres brandis dans la mêlée et le scintillement des baïonnettes ondulant dans la plaine comme des épis d'acier sous les meurtrières rafales?

A cette heure, les héros sont redevenus de simples mortels et bien rares ceux qui ont gardé leur énergie physique et morale.

Ici, on est en proie à l'inextinguible soif de la fièvre et le cri de « A boire! » a remplacé les clameurs ardentes du combat; ici, on est abattu et prostré; ici, on vibre encore, mais sous l'aiguillon perçant de la douleur; ici enfin, au lieu d'une musique guerrière, c'est la symphonie lugubre des plaintes, des cris et des hurlements arrachés aux blessés par la souffrance ou le couteau du chirurgien.

A dix heures du matin seulement un convoi de voitures d'ambulance, conduit par un aumônier de la garde mobile, débouche sur le terrain. Les infirmiers partent aussitôt à la recherche des blessés qui peuvent avoir survécu, et contre toute attente ils en retrouvent une trentaine qu'ils se mettent en devoir d'évacuer avec les survivants de la cabane. Il faut que ces gens-là aient l'âme chevillée dans le corps pour n'avoir pas succombé à la rigueur du froid et à la perte de leur sang !

Nous sommes relevés de grand'garde à une heure et je rejoins le régiment, qui a passé la nuit un peu en arrière de nous dans les taillis du bois de Montevillars. Je suis frappé en arrivant par l'air d'accablement répandu sur tous les visages. Je m'informe aussitôt et j'apprends qu'une rumeur sinistre vient à l'instant de parvenir : l'armée du général de Manteuffel a franchi le plateau de Langres et s'avance à marches forcées pour couper notre ligne de retraite !

L'effet produit est déplorable et les âmes faibles envisagent les pires catastrophes. La démoralisation fait déjà son œuvre et je vois autour de moi beaucoup trop de visages qui suent l'épouvante.

Ah! race de Gaulois, tu es bien toujours la même! Aussi prompte à l'enthousiasme qu'au découragement, capable de tous les héroïsmes comme des pires affolements, merveilleuse dans l'offensive, détestable dans la retraite, quand tu n'es pas maintenue par la main de fer d'un Moreau ou d'un Ney. Je m'étonne de ne pas entendre déjà le sinistre : « Nous sommes trahis »; et après avoir vainement essayé de lutter contre le découragement général, je quitte furieux le groupe de mes camarades pour rejoindre ma compagnie.

— Mes amis, leur dis-je, on va battre en retraite, non pas devant vos ennemis d'hier qui n'osent pas sortir de leur repaire, mais parce qu'une autre armée prussienne nous prend à revers. Comptez sur moi comme je compte sur vous. Quoi qu'il arrive, je vous tirerai toujours d'affaire. La première du premier ne capitulera jamais.

Et de fait, malgré toutes les vicissitudes, je

l'ai ramenée à Alger, cette compagnie, bien réduite, il est vrai, mais ayant encore son capitaine, ses cadres et ses fusils.

Le reste de la journée se passe de part et d'autre dans une inaction absolue et, dans la nuit du 18 au 19, vers deux heures et demie du matin, nous abandonnons enfin ce champ de bataille de la Lisaine où, pour la troisième fois, vient de sombrer la fortune de la France.

XVIII

EN RETRAITE

Le 19 janvier, à deux heures du matin, nous quittons ce bois de Montevillars et ce bois Bourgeois, où gisent encore sans sépulture tant de braves, victimes de l'impéritie du haut commandement, et nous partons sans bruit, par une nuit obscure, où nous cheminons péniblement à travers d'épais taillis jusqu'à la clairière qui précède Allondans.

Nous y trouvons notre artillerie divisionnaire qui prend rang dans la colonne, et, par Dung, Bavans et Lougres, nous arrivons à l'Isle-sur-le-Doubs à onze heures du matin.

Les routes sont encombrées de convois de

bagages et de vivres. Nous croisons aussi de longues files de voitures d'ambulance où se prélassent tous les médecins qui n'ont jamais paru dans la zone rapprochée du combat et qui se hâtent de gagner du terrain pour trouver les bons gîtes auxquels ils sont accoutumés. Au passage, ils sont l'objet, de la part de mes hommes, de quolibets et d'invectives qui, sans mon intervention, dégénéreraient rapidement en conflit.

Vers huit heures du matin, la rencontre d'un franc-tireur de la mort nous fait penser que le pays est sûr, ces farceurs n'ayant jamais montré sur le champ de bataille les fémurs et les crânes qu'ils portent brodés en blanc sur leur veste noire.

Avant de pénétrer dans la petite ville dont les maisons de droite sont adossées à un escarpement d'une quarantaine de mètres et celles de gauche dominent le Doubs, nous tournons à l'est et, par une rampe abrupte, nous nous élevons sur le plateau qui domine la vallée.

Nous remontons ensuite vers le Nord et nous allons bivouaquer au petit village d'Étrappe, où, surprise agréable, nous voyons arriver nos bagages, dont nous nous étions séparés depuis Clerval ; mais hélas! ce sera pour la dernière fois.

Le temps est affreux; il tombe une neige épaisse et à moitié fondue qui pénètre les vêtements et s'infiltre dans nos souliers en lambeaux ; nos pieds baignent dans un liquide glacé. Nous passons la nuit autour des feux de bivouac; et, au matin, nous sommes réveillés par le canon qui gronde du côté du Doubs.

Des rumeurs sinistres viennent jeter l'épouvante parmi mes zouaves : notre arrière-garde, composée du 2e zouaves de marche et des chasseurs, serait anéantie.

D'un mot, je rassure mes hommes et je m'empresse de les mettre en garde contre ces racontars qui n'ont aucun fondement du reste, ainsi qu'ils pourront s'en convaincre tout à l'heure, mais qui naissent fatalement dans une armée en retraite et s'y propagent avec la rapidité de l'éclair, en semant partout l'effroi.

Vers midi, nous recevons l'ordre de mettre sac au dos et nous partons aussitôt. Après un quart d'heure de marche, nous prenons position en avant d'Étrappe, mais comme toujours, sans cavalerie pour nous éclairer, sans artillerie pour nous soutenir. On nous avertit quelques instants après que le génie a l'ordre de faire sauter à trois heures le pont de l'Isle-sur-le Doubs. Nous sommes consternés. Quelles sont donc les intentions du général en chef? Comment pourrions-nous deviner qu'il a décidé de déployer son armée depuis Baume-les-Dames jusqu'aux hauteurs placées au nord de Besançon, et que pour ne pas être pris à revers par l'armée de Werder, pendant qu'il fera face à Manteuffel, il a prescrit de détruire tous les ponts du Doubs qui sont en amont de la droite de sa position? Étrange combinaison, du reste, que de recevoir l'ennemi avec une rivière à dos. Aussi tout le monde commence à perdre la tête en apprenant que notre unique ligne de retraite va être coupée dans quelques minutes.

Les officiers évoquent déjà le spectacle de la Bérézina et les hommes attendent en pâlissant le moment fatal, lorsque tout à coup, une formidable explosion ébranle l'atmosphère, pendant qu'une énorme colonne de fumée monte lentement vers le ciel. C'en est fait! Nous n'avons plus d'autre ressource que de nous dérober en longeant la rive droite où nous sommes menacés d'une attaque de front et de flanc et où nous risquons fort, si elle se produit, d'être jetés dans le Doubs.

Des groupes d'officiers se forment et discutent avec animation sur notre situation qui paraît terriblement compromise. Les uns prétendent que l'ennemi est déjà à Clerval; dans ce cas, c'est l'enveloppement de notre brigade qui a été sacrifiée pour sauver le reste de l'armée. D'autres, et je suis du nombre, recherchent les moyens d'exécution d'une passerelle improvisée avec les bateaux riverains ou à l'aide de troncs d'arbres; mais aurons-nous le temps de mener à bien ce travail délicat sous la poussée de l'ennemi? A quatre heures, le général Minot nous réunit et nous déclare qu'il a ordre de tenir jusqu'à la nuit, puis de se replier sur Clerval. La 1re brigade est encore désignée pour faire l'arrière-garde et doit arrêter l'ennemi, coûte que coûte, afin de permettre aux troupes désorganisées qui encombrent cette petite ville, de s'écouler vers Besançon.

A ce moment, les obus prussiens commencent à tomber dans les bois qui bordent le plateau. Peu après, les chasseurs et les mobiles de la Nièvre évacuent leurs positions de combat, à notre droite, puis passant derrière nous, filent dans la direction du Sud. Nous restons là jusqu'à la nuit close, faisant bonne contenance malgré nos inquiétudes. Enfin, nous nous mettons à notre tour en retraite sous la protection d'une ligne de tirailleurs et, par le chemin qui borde la rive droite du Doubs, et en suit toutes les sinuosités, nous nous acheminons sur Clerval, mais qu'y trouverons-nous?

Une réflexion me rassure pourtant et j'en fais part aussitôt à mes zouaves, afin de remonter leur moral. Si l'ennemi s'en est emparé, comment n'a-t-on pas entendu des coups de fusil? De fait, en arrivant vers neuf heures au petit village de Pompierre, situé à trois kilomètres en amont, nous apercevons de grands feux autour desquels s'agitent des silhouettes qui m'ont tout l'air d'être revêtues d'uniformes français.

Par précaution, j'envoie une escouade en reconnaissance et bientôt nous sommes fixés. Clerval est occupé par nos troupes et les Prussiens de Manteuffel n'ont pas encore été signalés.

Nous allons donc pouvoir cantonner! Quelle fête après tant de privations et de souffrances! Hélas, un ordre imprévu nous y attend.

Le 1er zouaves de marche est chargé de la garde de l'artillerie divisionnaire, et le commandant Letellier qui commande le régiment et qui a malheureusement la mémoire courte, désigne encore, pour prendre les avant-postes, notre malheureux 1er bataillon, dont le tour de service n'aurait dû revenir que le lendemain.

Nous retournons sur nos pas et nous prenons position dans une prairie à demi inondée, en nous couvrant vers l'Isle-sur-le-Doubs par une compagnie déployée en tirailleurs, à droite et à gauche de la route que nous venons de suivre, seule voie praticable du reste pour l'ennemi s'il veut continuer sa poursuite pendant la nuit.

Les compagnies alternent toutes les heures et

demie pour ce service, mais la tristesse règne au bivouac parce que personne n'a songé à nous envoyer de vivres. Quelques hommes affamés vont en reconnaissance et rapportent un caisse de biscuits qu'ils ont chapardée sur une voiture de convoi. D'autres les imitent. Bientôt, tout le monde est pourvu amplement de cet aliment, si dédaigné en temps de paix et pour lequel ils viennent à cette heure de commettre un vol.

Les officiers ont fermé les yeux et même participé au crime, car c'en est un aux termes du code militaire. Sans remords, je l'avoue, j'en ai accepté quelques morceaux et je les dévore avec avidité. Que celui qui n'a jamais senti la faim lui tenailler les entrailles, me jette la première pierre.

Le 2 janvier, à quatre heures du matin, nous gagnons Clerval ou plutôt la gare située sur la rive droite.

D'immenses approvisionnements y ont été réunis et vont devenir la proie du vainqueur, car il n'y a plus de matériel pour les évacuer et le temps, surtout, ferait défaut pour en opérer le chargement. Il fait encore nuit et nous formons les faisceaux au long de la rivière pendant que les corvées vont à la distribution.

Elles reviennent chargées de vivres de toute nature, pain, lard, sucre, café, riz. Nous en avons pour quatre jours et par-dessus le marché on nous donne des souliers, des chemises, des pantalons. Jamais nous n'avions été à pareille aubaine et personne ne prévoit que cette abondance va nous être funeste !

Nous passons toute la journée derrière nos faisceaux, sans qu'on nous permette de rompre les rangs. Le soleil a percé les brumes des jours précédents et le dégel transforme rapidement la prairie où nous sommes massés en colonne serrée, en un vaste bourbier où nous pataugeons jusqu'à la nuit.

Tout autour de nous, à Clerval, comme aux abords de la gare, c'est l'affreux spectacle de la désorganisation d'une armée : voitures immobilisées et enchevêtrées, confusion de tous les uniformes, approvisionnements épars dont le pillage commence déjà. Toute discipline a disparu : des bandes de traînards envahissent les maisons isolées et s'y installent comme en pays conquis, et bien rares sont les corps où l'énergie des chefs maintient encore une cohésion relative.

Par bonheur, l'ennemi nous poursuit mollement ; à peine entendons-nous quelques coups de canon au cours de cette journée qui se passe sans que nous soyons inquiétés sérieusement,

Werder, qui a montré de réels talents dans la défense de la Lisaine, a maladroitement opéré une conversion vers le Sud-Est, au lieu de poursuivre sans relâche notre arrière-garde. Il a perdu ainsi une journée qui a permis à nos troupes désorganisées de prendre du champ. Il en perd une autre, le 22, à faire reposer ses troupes, pourtant moins fatiguées que les nôtres, sacrifiant à une prudence exagérée, les avantages d'une offensive énergique.

Ah! ce n'était pas ainsi qu'aux temps héroïques de notre histoire, les Murat et les Lassalle comprenaient le rôle du vainqueur. Des champs de bataille d'Iéna et d'Auerstædt, aux rives de la Baltique, leurs incomparables cavaliers et leurs alertes fantassins, lancés comme une meute enragée sur l'ennemi en retraite, mordant ses talons, fonçant sur lui quand il faisait tête, le culbutant dans cent combats, enlevant au passage les forteresses comme de simples bicoques, anéantirent en quelques jours la grande armée prussienne, dont les derniers débris, groupés autour de ce vieux sanglier de Blücher, n'échappèrent à la honte d'une capitulation qu'en se réfugiant sur le territoire suédois...

A la tombée de la nuit, nous quittons Clerval et nous nous engageons dans le long et pittoresque défilé qui mène à Baume-les-Dames.

La route longe toujours la rive droite du Doubs qui coule profond et rapide entre de puissantes assises de rochers dominées au Nord par des hauteurs boisées dont les sommets atteignent près de cinq cents mètres et, au Sud, par les montagnes du Lomont, encore plus élevées.

Cette marche de nuit est particulièrement dure, parce que les hommes sont restés sac au dos du matin au soir, et que la fatigue de cette longue station est plus grande que celle d'une étape ordinaire. Beaucoup ont les pieds à moitié gelés et suivent péniblement.

Enfin, les quatre jours de vivres distribués à la gare de Clerval ont alourdi singulièrement les sacs et, ce qui eût été une heureuse aubaine en temps ordinaire devient, en ce moment, une cause imprévue d'affaiblissement chez des malheureux anémiés par les souffrances et les privations.

Le général Minot qui marche en tête de la colonne, pressé d'arriver à Baume-les-Dames, ne fait faire aucune halte et nous y mène d'une seule traite; aussi, à chaque village, à chaque chaumière, à chaque ferme voisine de la route, les plus malades ou les plus fatigués s'arrêtent, insensibles à mes supplications comme à mes ordres, et pénètrent dans les maisons pour y passer la nuit avec l'espoir de rejoindre au jour.

Ma compagnie fond littéralement, et lorsqu'en cours de route on nous communique l'ordre en vertu duquel nous devons nous embarquer tout à l'heure en chemin de fer, il est trop tard, et le régiment a perdu, dans cette courte marche, la moitié de son effectif.

Après avoir traversé la petite ville de Baume-les-Dames, encombrée de troupes débandées, de voitures d'artillerie et de convois de réquisition, nous franchissons la voie ferrée et nous nous formons sur un monticule qui domine la station.

On fait l'appel et je constate avec désespoir que je n'ai plus que trente-deux hommes; seize de mes zouaves sont restés en arrière et iront grossir la masse confuse des traînards. Pourquoi le général si pressé d'arriver au point d'embarquement ne nous a-t-il pas prévenus à Clerval de notre départ en chemin de fer? Cette nouvelle aurait certainement ranimé le courage de ces pauvres gens, et nous n'aurions pas à déplorer la ruine de notre effectif déjà amoindri après les trois journées de la Lisaine.

Je suis, cependant, l'un des moins malheureux, car il y a des compagnies encore plus faibles, et mon bataillon est réduit à cent quatre-vingts hommes auxquels il faut ajouter les quatre-vingts fantassins de la 7e compagnie auxiliaire, issue du 53e.

Vers minuit, nous montons dans le train qui vient de Besançon et nous partons pour une destination inconnue.

Mes zouaves s'imaginent que nous allons à Antibes pour y reformer le régiment et sont tout joyeux à l'idée que leurs misères sont finies. Je les laisse dans cette douce illusion que je suis loin de partager, et je cherche à deviner les raisons de ce transport rapide ; mais peu à peu mes idées se troublent aux trépidations du wagon et je m'endors d'un profond sommeil pendant que la locomotive halète péniblement dans la nuit sombre et nous emporte, Dieu sait où.

Tout le bataillon est encore assoupi quand le train s'arrête. Quelques instants après, une sonnerie de clairon nous réveille désagréablement.

Il fait grand jour, nous devons être bien loin de Baume-les-Dames ! Quelle déception ! les employés qui courent fébrilement au long du train nous crient de descendre : nous les interrogeons avidement et nous apprenons tout d'abord que nous sommes seulement à Byans, à une vingtaine de kilomètres au sud de Besançon.

Nous connaissons maintenant les raisons de notre mouvement par chemin de fer. L'avantgarde de Manteuffel s'est emparée hier de Dôle, nœud important des chemins de fer qui relient Besançon à Lyon et à Dijon et l'enveloppement de la malheureuse armée de l'Est commence à se dessiner nettement.

Bourbaki, qui a montré pendant les jours précédents une indécision lamentable, tantôt résolu à livrer bataille sur la ligne du Doubs, tantôt caressant l'illusion de pouvoir transporter son armée en chemin de fer sur la Loire, est aujourd'hui acculé à la frontière, et c'est pour arrêter la marche débordante du 11e corps prussien qu'il a dirigé à la hâte la 1re division du 15e corps autour de Quingey, l'infanterie par les voies rapides, l'artillerie et la cavalerie par la route avec les convois.

A sept heures du matin, nous quittons la gare où arrivent d'autres trains qui contiennent les débris des autres corps de la division et nous prenons le chemin de Quingey, où nous arrivons sans encombre, après avoir franchi l'arête montagneuse qui sépare la vallée du Doubs de celle de la Loue.

La neige tombe depuis le matin et c'est heureux, car cette circonstance détermine le général à nous cantonner dans cette jolie petite ville, où nous sommes accueillis à bras ouverts. Pendant que ma compagnie met les marmites sur le feu, je vais déjeuner à l'auberge avec mes camarades. Le menu est copieux, le vin excellent, un poêle ronfle dans la salle à manger; c'est trop de bonheur, aussi je pense que ça ne va pas durer et patatras! au moment où nous entamons le dessert, voilà la marche des zouaves qui retentit, suivie du refrain du 1er bataillon.

Le commandant Letellier a reçu l'ordre de diriger un bataillon sur Liesle, et c'est le mien qui est encore désigné. A défaut de chef de bataillon pour défendre nos intérêts, c'est le capitaine H..., plus ancien que moi, qui fait remarquer combien cette désignation est injustifiée, puisque nous avons déjà été détachés la veille en grand'garde à Pompierre et, il y a trois jours, dans le bois Bourgeois!

Sommes-nous donc seuls capables de souffrir?

Vains efforts! Le commandant du régiment reste inflexible et nous repartons sous la neige qui tombe de plus en plus épaisse. Par bonheur le gîte n'est pas éloigné et nous y arrivons au bout de deux heures de marche au milieu d'affreux tourbillons.

La population nous reçoit avec enthousiasme et bientôt le bataillon s'éparpille dans toutes les maisons du village, où les attend une large hospitalité, trop large même, ainsi qu'on le verra plus loin.

XIX

MON BATAILLON DANS LES VIGNES DU SEIGNEUR

Deux heures après notre arrivée à Liesle, notre détachement tout entier manifeste une folle gaieté et les rues du village retentissent d'exclamations joyeuses et de chants bachiques. Après la soupe, presque tous les hommes sont plongés dans l'ivresse et aussi, hélas! le plus grand nombre d'officiers.

Le petit vin de côtes, si renommé sous le nom de vin d'Arbois, versé généreusement par nos hôtes, a eu promptement raison de ces malheureux, débilités par tant de misères et de privations. Qu'il survienne un peloton de dragons allemands à la tombée de la nuit, et il les cueillera tous un à un dans les maisons où ils dorment profondément dans le foin ou sur les lits des paysans.

Et dire que nous sommes à ce moment sous la menace d'une attaque imminente! Personne n'ignore que si on nous a dirigés sur Liesle, c'est pour arrêter l'ennemi venant de Dôle à travers la forêt de Chaux ; or il n'y a que vingt-huit kilomètres entre ces deux points, et les paysans s'accordent à dire que les Prussiens sont en marche depuis le matin.

Cependant le capitaine H..., qui est plus ancien que moi et commande le bataillon n'a pris aucune mesure de sûreté, et quand je vais lui faire part de mon inquiétude, je le trouve le verre en main portant la santé de son hôte qui lui fait déguster ses meilleurs crus et apprécier le goût exquis des fruits de son verger. Il a la figure congestionnée, ses yeux rient par tous leurs plis et sa bouche s'épanouit dans un accès de douce gaieté quand je lui expose mes craintes :

— Ne vous faites pas de bile, mon cher camarade, il n'y a pas de danger! Les Prussiens sont encore au diable vert et n'arriveront que demain. D'ici-là nous aurons le temps de voir venir.

J'insiste, mais il n'y a rien à en tirer, et de guerre lasse je sors pour me concerter avec mes camarades.

Hélas ! ils sont pour la plupart dans le même état d'agréable hébétude et je me décide à agir pour mon compte.

Je me rends aussitôt à la mairie, où faute de carte d'ensemble du pays, je me fais donner l'album du cadastre, et là, en quelques minutes, j'ai vite fait de bâcler un croquis expédié des environs, sur lequel je marque soigneusement les gués de la Loue.

Si l'ennemi arrive cette nuit, il peut déboucher à la fois par la forêt de Chaux et par la route de Dôle, à Arc et Senans, et dans ce cas nous ne pouvons nous échapper qu'en franchissant la rivière dans la boucle qu'elle décrit avant de remonter au nord sur Quingey.

Je sors ensuite et je recueille auprès de quelques habitants des renseignements précis sur la profondeur et la largeur de ces gués, la force du courant et la nature des voies d'accès. Le plus voisin est celui de Champagne ; même il y a un bac. Plus au Sud on peut franchir la rivière à Port-Lesney et, de là, gagner l'abri des forts de Salins.

Je me préoccupe enfin d'installer une grand'-garde et à force de battre toutes les maisons et les granges, je finis par trouver une trentaine d'hommes capables encore de marcher et de monter la faction. Je puis absolument compter sur Rodius, mon ancien sergent-major, actuellement mon sous-lieutenant. Ce brave Alsacien a conservé tout son sang-froid. Je lui confie le commandement de ces isolés, auquel j'explique brièvement la situation et que je n'ai pas de peine à convaincre de la nécessité de veiller s'ils tiennent à leur liberté.

Je me borne à faire garder par des sentinelles doubles, à une distance de trois ou quatre cents mètres, les cinq chemins qui mènent à la forêt vers le Nord et l'Ouest, ainsi que la route d'Arc et Senans ; le reste est concentré sous sa main dans une maison voisine de celle où je suis logé. J'ai soin d'avertir tout le monde qu'en cas d'attaque sérieuse de l'ennemi, nous nous replierons par la route du Sud qui mène à Buffard, puis je sonne à la porte de mon hôte.

Un vieux domestique en livrée vient m'ouvrir et m'introduit dans un salon où je suis reçu par le maître de la maison, grand vieillard à la tournure militaire et à la figure énergique. Il me tend la main et se fait connaître.

— Marquis de la Barrière, ancien garde du corps de Louis XVIII et de Charles X. Vous devez être mort de fatigue, mon capitaine, et Jean va vous conduire à votre chambre; mais pourquoi n'êtes-vous pas venu me demander à dîner?

Je lui réponds en riant que j'ai bien fait parce que je serais probablement dans le même état que les autres, et je lui explique brièvement la situation en cherchant à excuser mes camarades et mes zouaves qui ont été surpris par une hospitalité à laquelle ils ne sont pas habitués. Je lui déclare ensuite qu'il faut que je veille, parce que je ne veux pas être pris comme un lièvre au gîte.

En sa qualité d'ancien officier, le marquis ne peut que m'approuver; mais il ne croit pas, lui, à la proximité de l'ennemi dont la marche a dû être ralentie par les mauvais chemins de la forêt de Chaux, et lorsqu'il apprend qu'il y a bientôt trois mois que je n'ai pas couché dans un lit, il insiste pour que je prenne quelques heures de repos.

Je lutte faiblement, car la tentation est grande et je vais succomber quand tout à coup une idée traverse mon cerveau.

— C'est impossible, lui dis-je, d'un air soudain résolu.

— Mais pourquoi?

— Je n'ose vous le dire!

— Comment, mais à un vieillard qui pourrait être votre grand-père, on peut tout dire!

— C'est que c'est bien difficile!

— Je vous en prie!

— Eh bien! j'ai des poux plein ma chemise et mon pantalon.

Mes zouaves en sont couverts, et dans les plis de leurs larges culottes, cela grouille blanc. A leur contact journalier, j'ai fini par en attraper quelques-uns et ils sont en train de faire des petits et de prospérer. Impossible de s'en débarrasser! Je ne peux pas me laver, puisque les fontaines et les sources sont gelées et qu'il faut passer un temps infini à fondre de la neige, quand on veut obtenir juste assez d'eau pour préparer le café et se laver les yeux et le bout du nez.

Touché par tant de détresse, le vieillard essuie une larme qui perle au coin de sa paupière, et d'une voix que fait trembler l'émotion :

— Mon pauvre enfant! mon pauvre enfant! Mais cela m'est bien égal que vous ayez des poux. Vous allez vous coucher tout de suite; et comme je comprends vos scrupules de chef, je veillerai à votre place. Au premier coup de fusil, vous vous habillerez lestement pour faire votre devoir; que diable! Ces gens-là n'arriveront pas instantanément chez moi dans une pareille obscurité.

Vaincu par tant de bonté, je me décide à prendre un peu de repos, mais afin de gagner du temps en cas d'alerte, j'ôte seulement ma tunique et mon ceinturon et je me jette ainsi sur le lit moelleux sans me laisser tenter par la douceur de reposer enfin entre deux draps.

Quelques instants après je dors profondément, tandis que l'ancien garde du corps fait les cent pas dans le salon. De temps à autre, malgré le froid, il ouvre la fenêtre qui donne sur la campagne et prête l'oreille aux bruits du dehors.

Au point du jour, l'excellent homme vient me réveiller et ne me laisse partir que lorsque j'ai fait honneur au succulent déjeuner froid qui m'attend dans la salle à manger. Il me regarde en souriant pendant que je dévore, d'un air affamé, jambon et pâté, et emplit mon verre d'un vin généreux qui a certainement été mis en cave avant ma naissance.

La nuit a été calme ; les zouaves sortent de toutes parts avec cet air caractéristique des gens qui ont un peu trop fêté la « dive bouteille ». La matinée se passe à remettre de l'ordre dans toutes les unités et, après déjeuner, le bataillon et la 7e compagnie auxiliaire sont rassemblés devant l'église. On fait l'appel : cent quatre-vingts zouaves environ et quatre-vingts fantassins du 53e de ligne.

Des paysans affolés surviennent peu après et racontent que les Prussiens débouchent de la forêt. Ils sont entrés à Fourg, village situé à quatre kilomètres au nord de Liesle, et marchent actuellement sur nous.

Au même instant deux cuirassiers abominablement gris (décidément ce vin du pays continue à faire des siennes) arrivent au galop et remettent un pli au capitaine H... C'est l'ordre de nous diriger par Arc et Senans sur Mouchard pour y garder ce nœud important de voies ferrées.

Je m'offre aussitôt pour couvrir la retraite et mon collègue accepte avec enthousiasme, mais à la condition que je ne prenne que douze hommes avec moi. Peut-être pense-t-il que nous allons être enlevés et craint-il de voir diminuer son effectif.

Qu'importe! Douze hommes résolus peuvent eucore faire de la bonne besogne. Je les choisis dans ma compagnie et je me porte à la lisière nord du village. Là, j'inspecte l'horizon avec ma jumelle.

Rien du côté de l'Ouest, mais du côté de

Fourg, je distingue, sur le chemin qui longe la voie ferrée de Besançon, un escadron de dragons qui s'avance au trot, précédé à cinq cents mètres par quatre éclaireurs.

C'est le moment d'utiliser mon adresse d'ancien officier de tir et je prend un chassepot des mains d'un homme. Je vise lentement et en quelques coups de fusil j'abats deux cavaliers dans le groupe compact qui est en ce moment à deux cents mètres de moi. Surpris l'escadron s'arrête et se déploie.

Au même instant j'entends un lourd galop derrière moi; ce sont mes deux pochards de tout à l'heure qui arrivent comme une trombe et se dirigent à la rencontre des vedettes qui précèdent l'escadron. Ils vont cahin-caha, avec un bruit de casseroles, tanguant et roulant sur leur selle. Je m'évertue à leur crier qu'ils vont se faire tuer, mais les gros frères ont du vin d'Arbois dans le cornet et sont tout feu tout flamme. Ils passent en hurlant qu'ils vont montrer à ces cochons-là ce que c'est que les cuirassiers français et j'attends avec anxiété le résultat de l'inévitable rencontre.

Les voilà tout près de l'ennemi, je vois luire le triple éclair de leur grande latte, de leur casque, et de leur cuirasse. Oh! les braves gens!

Tout à coup c'est une mêlée confuse où six cavaliers frappent pêle-mêle, d'estoc et de taille; je n'en vois plus maintenant que cinq; puis plus que quatre; et en voici deux qui fuient éperdument vers le Nord, tandis que toujours brimbalant sur leur monture essoufflée, mes deux coquillards reviennent triomphants.

J'ai toujours peur qu'ils ne culbutent en chemin; mais à tort, car ils arrivent, fiers de leur équipée, et en repassant près de moi:

— Vous voyez bien, mon capitaine, que les dragons ça ne vaut pas les cuirassiers!

Et de fait ils en ont tué deux et n'ont pas une estafilade.

Ils m'expliquent avec volubilité que les Prussiens sabraient et qu'eux pointaient, traversant de part en part leur adversaire, au moment où il levait le bras; puis ils repartent joyeux et je ne les ai plus revus.

Cependant l'escadron a mis pied à terre et

s'avance déployé en tirailleurs. Bientôt les balles sifflent autour de nous ; mais nous sommes abrités par un petit mur de clôture et nous ripostons à couvert.

A ce moment je vois apparaître le marquis de la Barrière, escorté de Jean, toujours en livrée et aussi correct que lorsqu'il fait office de maître d'hôtel. Il porte un panier de vin et quelques verres, mais il manque d'enthousiasme. Le vieillard qui remarque son trouble le fait arrêter derrière un mur ; puis tranquillement, sans forfanterie, passe derrière chacun de mes zouaves et leur verse à boire.

Je tremble qu'il ne soit atteint et je le supplie de se retirer.

— Laissez donc, mon capitaine, me dit-il d'une voix ferme, à mon âge on ne craint pas la mort. J'aime mieux que ce soient vos soldats qui boivent mes plus vieilles bouteilles plutôt que les dragons sur lesquels ils tirent et qui ne s'en feront pas faute tout à l'heure quand vous aurez évacué le village.

J'estime maintenant que mon bataillon doit avoir pris l'avance nécessaire ; et avant de battre en retraite à l'abri des maisons je fais rapidement mes adieux au marquis qui veut absolument m'embrasser avant le départ.

J'ai gardé bien vivant le souvenir de cet excellent homme, et quatorze ans plus tard, alors que j'étais chargé de préparer dans cette région les manœuvres de la 13e division, je me détournai de mon chemin avec le vague espoir de le retrouver encore vivant malgré son grand âge. J'eus la douleur d'apprendre qu'il était mort depuis deux ans...

Cependant je me dérobe lestement sans être inquiété. Les dragons prussiens ont dû croire que le village dissimulait une troupe de ces cuirassiers dont ils venaient d'éprouver la bravoure, et il était trop tard pour me poursuivre quand ils se sont aperçus qu'il n'était occupé que par une poignée de zouaves.

Je rejoins mon bataillon au moment où il passe par petites fractions le pont suspendu D'Arc et Senans. De l'autre côté nous rencontrons une compagnie de mobilisés et une compagnie du 84e de ligne venues de Lons-le-Saulnier. Elles occupent Cramans et le Bas-Bois.

Enfin nous arrivons à Mouchard où nous devons cantonner et que nous trouvons occupé par un détachement du 92ᵉ de ligne, un bataillon de huit cents mobilisés du Jura, une compagnie de francs-tireurs et quelques isolés.

A la tombée de la nuit, des paysans accoururent nous prévenir que l'ennemi est à quatre kilomètres de nous et cantonne à Villers-Farlay.

Toujours la même insouciance! On se contente de placer une grand'garde sur la route qui conduit à ce village et tout le monde s'endort, sans se préoccuper le moins du monde des conséquences terribles qu'aurait pour nous une attaque de nuit.

XX

TRENTE CONTRE TROIS MILLE!

Pendant que mes camarades sont tranquillement couchés dans les logements qu'ils se sont fait désigner par le maire, je passe la nuit à l'entrée de Mouchard, ma compagnie groupée autour de moi. Libre aux autres de se faire prendre au saut du lit; moi je ne veux pas être fait prisonnier et j'ai promis à mes hommes de les ramener en Algérie quoiqu'il arrive.

Je fais allumer un grand feu sur la route et pour l'entretenir pendant cette nuit, la plus terrible de cet hiver exceptionnel, je fais arracher les clôtures des jardins voisins, faute de combustible qu'on nous a refusé dans les maisons voisines.

Le thermomètre est descendu pour la première fois en France, ainsi que je l'ai lu plus tard, à — 33°, température enregistrée à l'observatoire de Pontarlier.

Ici, il fait moins froid, mais pas de beaucoup, car ayant la manie d'avoir toute une collection de petits instruments de précision, je possède un thermomètre minuscule enfermé dans une gaine de porte-cigares. A un certain moment je le consulte, et il marque — 12° dans ma poche contre le brasier incandescent ! Je le place sur l'appui d'une fenêtre voisine, et, au bout de quelques minutes, je vais le reprendre ; il accuse — 28° !

Mes hommes sont obligés de fendre le pain de distribution avec une cognée empruntée à un habitant, puis de le faire dégeler près du feu ; mais il s'émiette aussitôt en grumeaux immangeables.

L'eau-de-vie de l'administration, dont le degré alcoolique est peu élevé, est à moitié solidifiée. C'est la première fois que je constate ce phénomène depuis l'entrée en campagne.

Sous mon maigre puncho, je grelotte jusqu'au

matin, grillé par devant, glacé par derrière, et passant la nuit à me tourner et me retourner, afin d'éviter la mort par congélation.

Mes pauvres soldats battent de temps en temps la semelle, puis reviennent se rôtir à la flamme claire qui illumine la grande rue du village, où le reste du bataillon, les mobilisés, la ligne et les francs-tireurs dorment insouciants du danger.

Notre situation est affreuse ; mais je suis tranquille, parce que si l'ennemi bouscule notre grand'garde, je serai là pour l'arrêter en attendant que les autres prennent les armes. S'il se produit une panique, eh bien ! je déboîterai de la route et je conduirai tout mon monde à Lons-le-Saulnier par des chemins de montagne.

Le 24 janvier, au lever du jour, le bataillon se forme en silence, pendant que le capitaine H..., le commandant du bataillon de mobilisés, et le chef du détachement du 92e de ligne tiennent une sorte de conseil de guerre au milieu d'un groupe d'officiers de tous les corps de troupe. Tout ce monde commente, propose, réfute, discute, échange des paroles aigres-douces, bref ! un véritable palabre !

H.... et quelques autres sont d'avis que faute d'artillerie, la résistance est impossible ; et que le seul parti à prendre, est de nous jeter dans les forts de Salins ou de franchir la frontière suisse. Je m'élève avec énergie contre cette opinion que j'estime indigne d'un officier français, et je déclare que l'abandon de notre poste nous couvrirait de honte. Le commandant des mobilisés, qui est plus élevé en grade, est d'avis lui aussi, qu'on défende Mouchard.

Nous avons seize cents hommes, et avec cet effectif, on peut tenir bon sur la formidable position constituée par la falaise jurassique qui se dresse à l'est du village, et n'est ouverte qu'à l'étroit défilé où court la voie ferrée de Salins. Un silence glacial accueille ma proposition.

La plupart de mes camarades, démoralisés par nos échecs successifs, déprimés par la fatigue et les privations, caressent secrètement l'espoir de gagner la Suisse ; les officiers de mobilisés brûlent de jeter leur uniforme et de rentrer chez eux pour y redevenir de simples citoyens, en attendant la conclusion d'une paix qui ne peut plus tarder ; quant au capitaine des francs-tireurs de la mort, malgré les crânes et les fémurs en croix qu'il porte brodés sur sa vareuse, il consulte sa carte et recherche déjà dans quelle direction il va pouvoir « jouer de la fille de l'air ». Mais le devoir militaire ? L'honneur des armes ? La Patrie envahie ?

Allons donc ! c'est bon en temps de paix, dans la chaleur communicative des banquets, ou devant les bronzes qu'on inaugure, d'évoquer ces hautes conceptions, de faire chanter ces mots sonores; mais essayez ici de réveiller ces nobles sentiments chez des gens qui ne peuvent plus vibrer parce que les ressorts de leur énergie, trop longtemps tendus, ont fini par se briser ? Beaucoup d'entre eux ont encore le courage physique et sont capables de se faire tuer bravement devant la nécessité impérieuse de se défendre, mais bien peu ont gardé le courage le plus rare, le courage moral ! Ce don, qui fait qu'on ne désespère jamais, qu'on lutte jusqu'au bout avec la même confiance et la même énergie et qu'on crie jusqu'à son dernier soupir, « Quand même » !

Et comme leur orgueil refuse d'avouer cette

défaillance, ils tombent avec un ensemble touchant sur ceux qui veulent se battre lorsqu'ils n'y sont pas forcés, et les traitent de fous ou de fumistes !

Assurément, les arguments ne leur manquent pas :

— Nous ne pouvons pas résister sans artillerie ; rappelez-vous Allondans !

Nous sommes seize cents hommes, mais combien de vrais soldats ? Nous avons trop peu de cartouches : lutter dans ces conditions, est absurde ! Nous n'avons pas le droit de faire tuer inutilement nos hommes ! A l'impossible nul n'est tenu !

Et c'est ainsi qu'on met sa conscience en repos et qu'on justifie sa reculade.

Toutefois le parti de la résistance finit par l'emporter et chaque détachement se rend au poste qui lui est assigné. Il n'y a pas de temps à perdre et notre bataillon se déploie aussitôt à cheval sur la route de Villers-Farlay, à hauteur d'une briqueterie située à deux cents mètres de l'entrée de Mouchard.

Nous venons à peine de prendre le café lorsque la fusillade éclate dans le Bas-Bois et dans le bois de Largillat, puis nous voyons apparaître les mobilisés et la compagnie du 84ᵉ qui en avaient la garde.

Ils débouchent du taillis par petits groupes qui s'écoulent à notre droite et à notre gauche. Le reste des mobilisés, la ligne et les francs-tireurs, sous le prétexte de garder notre ligne de communication, sont restés prudemment en arrière du village et s'empressent de filer sur Salins.

Les zouaves restent seuls sur la position. H.... m'annonce qu'il va lui aussi, battre en retraite. Cependant nous n'avons pas encore reçu un seul coup de fusil et j'essaie vainement de le faire revenir sur sa décision ; alors la moutarde me monte au nez et je lui déclare qu'après tout, je suis capitaine comme lui et que je refuse de partir :

— A votre aise, mon cher camarade, vous couvrirez ma retraite !

Et sur ce, il rassemble le reste du bataillon et file aussitôt à travers les rues de Mouchard pour rattraper le gros des forces.

Je n'ai plus autour de moi que trente et un zouaves de ma compagnie, le lieutenant Lebrun, qui a voulu rester avec nous, et mon sous-lieutenant Rodius ; mais dans l'attitude et dans les yeux de ces braves gens, je vois qu'ils ont confiance dans leur capitaine, et je sens que je puis accepter le combat. Pas ici cependant ! Je serais vite enlevé avec ma poignée d'hommes. J'examine rapidement le terrain et en un clin d'œil j'ai pris ma décision.

Puisque nous n'avons pas la force, il faut employer la ruse et je gagne au pas gymnastique l'entrée du village où on a rassemblé la veille quelques charrettes et quantité de briques pour construire une barricade.

Nous nous mettons à l'ouvrage et, dix minutes après, elle est achevée ; mais l'ennemi a du canon. Pas si naïf de me mettre derrière ! Je vais aller me poster sur les pentes du mamelon qui domine la gare d'une centaine de mètres, lorsqu'une idée me traverse le cerveau et j'envoie quelques zouaves arracher dans les maisons voisines une demi-douzaine de tuyaux de poêle. Ils ont compris et battent des mains, puis ils placent sous ma direction ces gros tubes noirs, horizontalement sur le parapet, et voilà notre artillerie improvisée qui menace des gueules de ses canons de fer battu le débouché du bois de Largillat, à un kilomètre de l'entrée de Mouchard.

Il n'y a pas de temps à perdre, et bientôt ma compagnie est déployée en tirailleurs à deux mètres d'intervalle sur la ligne de pente qui aboutit à la gare, abritée derrière un de ces murs en pierres sèches qui séparent les vignobles du pays et dans une position telle qu'il nous suffira de faire quelques pas en nous baissant pour disparaître aux vues de l'ennemi, lorsqu'il faudra battre en retraite.

De ma jumelle, je fouille les abords de la route de Villers-Farlay, mais rien n'apparaît encore. Du côté de Salins, la queue des héroïques défenseurs de Mouchard disparaît dans la grande rue de Pagnoz. Je m'attendais au moins à ce que le capitaine H.... prenne position sur les hauteurs qui dominent ce village, pour me recueillir en cas de poursuite trop vive, mais j'ai su plus tard qu'il avait répondu à un de mes camarades qui lui proposait de s'arrêter sur ce point :

— Il a voulu se battre pour son compte, qu'il se débrouille tout seul !

Tout à coup l'œil perçant du caporal Reverchon, vieux chasseur de chamois, découvre la silhouette de deux dragons au coude que fait la route à l'entrée du bois de Largillat ; ils avancent prudemment, le fusil haut, et en arrivant au point où il y a une légère descente, ils s'arrêtent brusquement. L'un d'eux détale au triple galop pendant que son camarade continue à observer et rend compte à l'officier commandant le peloton d'avant-garde qui vient de déboucher à son tour du défilé.

Je distingue le Herr Hauptmann qui déboîte de la route, sort sa jumelle et examine attentivement la barricade ; puis il se retourne et donne l'ordre de se déployer. Cette ligne de tirailleurs marche lentement, sa gauche à la route ; et quand ils ne sont plus qu'à sept cents mètres de moi, c'est-à-dire au point où le dragon est arrêté, je fais ouvrir le feu à volonté.

Mes zouaves ont posé leurs fusils sur la crête

du mur en pierres sèches; ils tirent lentement en visant avec soin. Lebrun, Rodius et les deux sous-officiers qui me restent vérifient les hausses, rectifient le tir ; tout se passe comme à l'exercice.

Ils ne sont que trente et un, mais ce petit groupe est une élite, produit d'une longue sélection par la souffrance, la fatigue et la mort. Leur confiance en moi est extraordinaire ; volontiers ils me suivraient au bout du monde et dans les pires dangers, persuadés que leur capitaine les tirera toujours d'affaire.

Les Prussiens ripostent. Leurs balles viennent s'écraser contre le mur protecteur, ou passent au-dessus de ma tête.

Tout à coup une fumée blanche monte à l'angle de la route et une détonation retentit, répercutée par les échos de la montagne, puis c'est le fracas d'une explosion sur ma gauche dans la grande rue de Mouchard.

Plus de doute! Ils ont pris les tuyaux de poêle pour des canons !

La batterie d'avant-garde ouvre le feu sur la barricade et fait pleuvoir sur elle une grêle d'obus.

Mes zouaves ne se tiennent pas d'aise, et j'en entends un qui dit entre deux coups de fusil :

— Eh bien! mon vieux, c'est une riche idée qu'a eue le capitaine !

La ligne de tirailleurs prussiens s'ébranle maintenant et marche avec circonspection sur le village, mais au bout de quelques pas ils font demi-tour et se rejettent dans les taillis.

De mieux en mieux ! mes hommes sont enthousiasmés et rient aux éclats en voyant les briques voler en l'air sous le choc des projectiles.

— Tout à coup Reverchon se retourne vers moi :

— Attention mon capitaine, il y a du nouveau ! Regardez à gauche du bois, ça grouille de monde.

En effet, un bataillon qui est venu par la vallée de la Lurine, entre le bois de Largillat et le bois de Villers-Farlay, se déploie pour aborder Mouchard par l'Ouest; un autre débouche par la grand'route et se dirige vers la barricade. Plus loin je distingue la tête d'une colonne profonde arrêtée à l'orée des bois.

— Feu à volonté ! à huit cents mètres ! sur le bataillon qui est droit devant nous ! Commencez le feu !

La fusillade crépite de nouveau. Les Prussiens avancent par bonds de cinquante mètres, exécutés par échelons de demi-bataillon. En arrivant à la bifurcation du chemin de Cramans avec la route de Villers-Farlay, ils s'arrêtent encore, surpris de ne pas recevoir de coups de fusil de cette barricade !

Ils flairent un piège et quelques éclaireurs essaient de gagner la briqueterie pour voir ce qu'il y a dans le village. Je suis des yeux leurs mouvements, lorsqu'un souffle puissant passe au-dessus de nos têtes et un éclatement formidable retentit presque instantanément, suivi d'un bruit singulier que je n'ai pas encore entendu. On dirait le bruissement cent fois amplifié d'un vol d'étourneaux.

Je me rends compte aussitôt qu'une nouvelle batterie tire sur moi à tir fusant. C'est la première fois que cela nous arrive, aussi je rassure bientôt mes hommes en leur criant qu'ils courent moins de danger qu'avec les obus percutants, puisque les balles des shrapnells ne peuvent rien sur le mur derrière lequel ils sont tapis.

Trois bataillons et l'abtheilung de l'avant-garde du 2ᵉ corps poméranien sont engagés maintenant contre trente et un zouaves!

A l'heure où j'écris ces lignes, à quarante ans de distance, je ne puis m'empêcher de songer à ce que j'aurais pu faire ce jour-là, si au lieu de cette poignée d'hommes, j'avais eu une belle division de seize mille hommes avec ses neuf batteries, comme celle que j'ai l'honneur de commander aujourd'hui!...

Sans doute je pourrais prolonger la résistance, mais sur mon extrême gauche, j'entrevois une masse de cavalerie qui défile au trot et disparaît derrière le mamelon de Varraches au sud de Mouchard. Si je tarde tant soit peu, ces gens-là vont me cueillir tout à l'heure au moment où je battrai en retraite sur Pagnoz et Salins.

Si encore H... m'avait attendu avec ses seize cents hommes, mais il doit être bien loin maintenant. Alors, subitement décidé, je commande « en retraite ! » Mes hommes se baissent au ras du sol et se redressent au bout de quelques pas, lorsque j'estime que la pente du terrain masque notre mouvement, puis je crie : « Pas gymnastique ! »

Nous dégringolons à toute vitesse à travers les vignes, lorsque j'entends un bruit sec suivi d'un déchirement sinistre ; c'est mon pantalon qui, agrippé au passage par la pointe d'un échalas, s'est fendu du haut en bas.

Horreur ? je n'ai pas de caleçon ! Le seul qui me restait au départ de Clerval, à force d'être lavé et frotté par mon ordonnance, est tellement élimé et troué qu'il le porte en ce moment dans son sac avec l'intention, jamais réalisée, d'y mettre des pièces.

Me voilà propre ! La jambe de mon pantalon fait tablier par devant, mais par derrière ? Que vont dire tout à l'heure les dames de Salins, si nous y arrivons sains et saufs, lorsqu'elles me verront dans un pareil état !

Sur la grand'route, les obus qui dépassent la crête protectrice éclatent de droite et de gauche, puis tout à coup, silence absolu. La ruse a dû être éventée et les têtes carrées doivent être furieuses du tour que je leur ai joué, mais gare aux dragons !

Je continue toujours ma retraite au pas de gymnastique et nous arrivons tout essoufflés à l'entrée de Pagnoz. Là j'établis un barrage sur la route à hauteur des dernières maisons du village, en un point où elle est resserrée entre le talus du défilé et un petit bois qui s'appuie au ruisseau. Mes hommes sortent quelques charrettes des granges voisines, les renversent sur le sol et je leur donne l'ordre de jeter pêle-mêle au travers toutes les chaises qu'ils pourront se procurer, puis nous repartons un peu rassurés. Toujours préoccupé d'une poursuite de la cavalerie, je me retourne un instant après et je pousse un cri de rage : les braves habitants sont en train de démolir ma barricade !

Je reviens en courant; et à grands coups de ma latte triangulaire d'officier de zouaves, je cogne sur ces gredins qui s'enfuient épouvantés. J'en saisis un par le collet et le ramène à vive allure jusqu'à ma compagnie où je le fais placer entre deux zouaves, baïonnette au canon, pour le remettre le soir même au commandant de la Place.

J'aurais dû me méfier de la terreur que tous ces paysans ont des représailles de l'ennemi; et certes, la preuve qui m'en avait été fournie quelques minutes auparavant aurait dû m'éclairer sur leurs sentiments.

Pendant que mes hommes établissaient rapidement le barrage destiné à arrêter la cavalerie, j'étais entré dans le bureau de tabac de cette petite localité!

La débitante me jure ses grands dieux qu'il ne lui en reste plus un seul paquet, et, comme j'ai de la méfiance, je m'avance sur le seuil de la chambre placée derrière le comptoir. Là, je découvre sur une étagère cinq gros paquets de cinq cents grammes :

— Eh bien, madame, qu'est-ce que vous me disiez donc que vous n'aviez plus de tabac?

— Ah! mais, monsieur, celui-là je le garde pour les Prussiens!...

En sortant de Pagnoz, nous distinguons les hautes crêtes sur lesquelles se profilent les forts

Saint-André et Belin, perchés de chaque côté du profond et étroit défilé où coule la Furieuse. Salins, ville ouverte, n'est en réalité qu'une grand'rue de trois kilomètres de longueur serpentant au fond de cette gorge et dépassant au Nord et au Sud l'arête montagneuse sur les pointes de laquelle sont établis ces ouvrages qui nous apparaissent comme un refuge inexpugnable.

Nous franchissons la Furieuse sur un pont voisin d'un moulin, et nous passons sur le chemin de fer, qui maintenant suit la route à travers deux kilomètres de gorges pittoresques avant d'arriver au faubourg Saint-Pierre.

Les hauteurs voisines sont couvertes de mobilisés et je rejoins mon bataillon qui s'est arrêté avec eux sur ce point. Sous le canon protecteur des forts, tout le monde a repris courage et H.... revient à ce moment de parlementer avec le délégué du commandant supérieur. Celui-ci refuse de nous recevoir dans leur enceinte et a décidé que nous occuperons la position de Saint-Thiébaud, petit village perché à six cents mètres d'altitude, à deux kilomètres au Nord de l'entrée du défilé.

Dans le groupe qui s'est formé autour de H.... on est en train de pérorer lorsque j'arrive avec ma compagnie, et la première chose que je fais est de dire à mon collègue tout ce que j'ai sur le cœur et il y en a gros! Sa réponse met le comble à mon exaspération :

— Vous avez voulu faire le zouave! C'était à vos risques et périls; et j'aurais manqué à mon devoir si j'avais compromis la retraite de mon bataillon en vous attendant sur la position de repli de Pagnoz!

Je riposte avec indignation et ça va se gâter, quand je songe que cette scène pénible se passe à quelques pas de mes hommes, et, dans l'intérêt de la discipline, je romps brusquement les chiens en revenant auprès de ma compagnie.

La discussion reprend de plus belle et finalement, sous la pression des autres officiers, furieux de se voir détournés de Salins, il retourne exposer ses doléances au commandant de la place, décidé à lui signifier que s'il ne nous accepte pas ce soir même, nous poursuivrons notre route sur Champagnole, pour gagner, de là, Lons-le-Saulnier et Lyon.

Enfin, vers cinq heures, l'ordre arrive d'entrer en ville. C'est toujours cela de gagné, et à la nuit tombante, nous y pénétrons, tambours battant, clairons sonnant.

Je ne suis pas fier, parce que je marche en tête du bataillon, H.... n'étant pas encore revenu du fort Saint-André et que tous les yeux se fixent naturellement sur moi. D'une main je tiens mon sabre et de l'autre, je crispe la fente de mon pantalon. Quel désastre si je venais à en lâcher les bords!

Les hommes plaisantent et les femmes sont prises d'un fou rire, qui gagne mes soldats. Ce que j'ai de mieux à faire c'est d'en prendre mon parti et bravement je demande aux jolies filles qui se moquent de moi, qu'elles me fassent l'aumône de leur jupon.

Nous voici maintenant au centre de l'agglomération, on fait halte et on cantonne : la troupe au théâtre, les officiers à l'hôtel des Bains.

Vive les places fortes! Mes pauvres soldats vont enfin passer une bonne nuit, car on a chauffé la salle de spectacle où ils sont couchés dans la paille. Quant à moi, pour la première fois depuis trois mois et demi, je vais faire un vrai dîner à l'hôtel des Messageries et me dorloter tout à l'heure dans un bon lit! Il y aura ce soir exactement quatre-vingt-sept jours que je ne me suis pas déshabillé!

XXI

DÉFENSE DE SALINS

Salins, vieille place forte du temps de Vauban, défendue par une enceinte dont il ne restait plus à ce moment que des ruines, ne pouvait opposer par elle-même aucune résistance sérieuse au 2ᵉ corps poméranien. Cependant les forts Saint-André et Belin, pittoresquement campés sur l'extrémité des crêtes jurassiques à travers lesquelles la Furieuse s'est ouvert un étroit passage dans la suite des siècles, étaient en excellent état et auraient pu, grâce à leur position exceptionnelle, soutenir un siège d'une longue durée.

Le fort Saint-André occupe l'extrémité d'un

plateau abrupt, orienté de l'Ouest-Sud-Ouest au Nord-Nord-Est et qui se dresse à trois cent cinquante mètres au-dessus de la route de Mouchard. Son bastion nord bat le faubourg Saint-Pierre à sept cents mètres à peine et son bastion est n'est qu'à cinq cents mètres à vol d'oiseau de la place de la Mairie.

Le fort Belin, bien moins important, se compose de trois ouvrages étagés sur un roc escarpé qui s'élève à pic à près de trois cents mètres au-dessus des maisons de la ville : le Bas-Belin à mi-côte, le Haut-Belin au sommet de la redoute de Grelimbach, sur le plateau appelé Corne-de-Bœuf. L'altitude de ce nid d'aigle est un peu moindre que celle du fort principal, mais son canon enfile la gorge d'Arelle, qui échappe aux vues de Saint-André.

Ce dernier ouvrage était capable d'une sérieuse résistance et, du côté de la Suisse, c'est-à-dire dans la direction du plateau d'Ivory, seul point où il est possible d'amener de l'artillerie à portée efficace, son escarpe était couverte par une demi-lune avec contre-garde d'un fort relief. Partout ailleurs, l'enceinte était formée d'épaisses murailles, épousant les formes du terrain. En outre, du côté de la France, deux batteries basses pouvaient tirer à mitraille sur les abords de la ville, mais n'étaient malheureusement pas armées au moment de l'invasion. Enfin, de vastes casemates creusées dans l'épaisseur du roc et à l'épreuve du canon de campagne constituaient pour la garnison un abri inviolable en cas de bombardement.

L'armement du fort laissait beaucoup à désirer ; il consistait en quatre canons de 12 rayés, approvisionnés à trois cents coups par pièce, dont trois à Saint-André et un à Belin. Il y avait aussi, dans le premier ouvrage, six canons de 16 à âme lisse, quatre canons obusiers de 12, un obusier de 16, quatre mortiers, et dans le second, six pièces à âme lisse et trois mortiers.

Il avait du reste été organisé pour repousser une attaque venant de Suisse ; mais, sous la pression des événements, le détachement de la garde mobile du Jura, qui y tenait garnison avant notre arrivée, avait réussi à mettre en batterie du côté des Prussiens un canon rayé de 12 et quatre canons obusiers de 12 à âme lisse à

Saint-André; un canon rayé de 12 et deux canons obusiers de 12, à Belin. Actuellement, le point faible de la défense est dans le manque absolu de munitions d'infanterie, car, en rassemblant toutes les cartouches contenues dans les gibernes des différents détachements, on réussit à constituer seulement un approvisionnement de cinquante coups par homme.

Vers neuf heures du matin, les tambours et clairons des mobilisés battent et sonnent le rappel et la générale pendant que le tocsin donne l'alarme à la population épouvantée qui se précipite à l'intérieur des maisons en criant : « Voilà les Prussiens ». Nous prenons aussitôt les armes et le lieutenant Ehwald part avec douze zouaves en reconnaissance du côté de la gare.

Deux sentinelles de la grand'garde fournie par la compagnie du 84e de marche, troupe de nouvelle formation qui couvre la ville sur le plateau de Suziau, ont été attaquées à l'improviste et enlevées sans coup férir, et cette compagnie s'est repliée en combattant jusqu'à la gare. Là, cédant à un inexplicable affolement, elle a subitement lâché pied en laissant son campement sur place. Notre camarade arrive, en ce moment, et ouvre le feu sur une reconnaissance prussienne qui occupe déjà la tannerie située à l'entrée du faubourg Saint-Pierre. Celle-ci ne se sentant pas en force se retire bientôt, en laissant un sous-officier et deux hommes sur le terrain.

Cependant le voisinage de l'ennemi détermine le capitaine H.... à prendre un parti, et sans plus s'occuper du commandant supérieur il envoie, d'urgence, au Fort-Belin la compagnie du 53°, notre 7° compagnie auxiliaire, commandée par le capitaine Milard et donne l'ordre au reste du bataillon de monter au fort Saint-André.

Bon gré mal gré, nous faisons maintenant partie de la garnison de la Place, et cette résolution énergique du commandant du bataillon évitera plus tard à son indécis gouverneur la honte d'une capitulation.

Une fois ma compagnie installée dans son casernement je me préoccupe de son alimentation. Je suis vite rassuré : il y a dans les magasins trois mois de vivres pour une garnison de trois cent cinquante hommes. Ils sont naturellement constitués en biscuit, lard et légumes secs, aussi, pour varier un peu le menu de notre « popote », je reviens à Salins avec mes camarades Lebrun et Ferriol afin d'y faire quelques provisions. Nous sommes accompagnés de nos ordonnances et chacun de nous s'est armé d'un fusil en cas d'aventure.

Le jour décline rapidement, lorsque nous arrivons au bas du sentier escarpé qui va directement du fort à la place de l'hôtel-de-ville et nous nous hâtons de faire nos emplettes avant que la nuit nous surprenne. Tout à coup, pendant que nous sommes en train de compter des boîtes de sardines, un bruit de galop et un cliquetis de sabre retentissent dans la grand'rue :

— Voilà les Prussiens ! crie l'épicier, qui se met à trembler de tous ses membres.

Nous poussons une caisse derrière la porte et nous nous apprêtons à recevoir chaudement les intrus lorsque nous partons d'un éclat de rire.

Ce sont encore nos cuirassiers. Ils ne sont

que trois et viennent de Nans-sous-Sainte-Anne, à douze kilomètres d'ici, où la division Cremer est près d'arriver avec l'ordre d'occuper Salins et les crêtes qui l'entourent. Nous leur fournissons aussitôt les éléments de leur reconnaissance et nos braves « coquillards » repartent à bride abattue pour rendre compte de leur mission.

Ils durent malheureusement s'égarer dans la nuit, puisque le colonel Poullet, qui, en l'absence du général Cremer, commandait cette division, trompé par de faux renseignements, continua le lendemain sa marche sur Leviers. La seule chance de salut qui restait à la malheureuse armée de l'Est d'opérer sa retraite sur Lyon venait de nous échapper, car il n'est pas douteux que cette forte division, postée au débouché des gorges de Salins et d'Arbois, sur les formidables positions qui couvrent les routes de Champagnole et de Saint-Claude, eût pu immobiliser quelque temps le 2ᵉ corps allemand et permettre ainsi l'écoulement des corps français vers Lyon par les nombreuses voies de communication qui courent entre les plissements parallèles du Jura.

L'exemple de notre petite garnison, qui suffit à elle seule à arrêter le lendemain toute une division poméranienne, s'emparant bien de la ville ouverte, mais ne pouvant déboucher de l'autre côté et contrainte le 27 janvier à faire un grand détour par Arbois, en est une preuve irréfutable.

La nuit est calme, le temps est clair et froid et du haut des remparts on voit briller les feux de bivouac des avant-postes ennemis vers Marnoz et la Grange-Jolibois, pendant qu'au delà, le ciel s'embrase des lueurs de l'incendie qui dévore la gare de Mouchard encombrée d'approvisionnements que les Prussiens sont en train de brûler en manière de représailles.

Dès le point du jour, mon ami Thévenot part avec le sous-lieutenant Fontaine et trente zouaves pour concourir à la défense des abords de la ville, du côté où l'attaque va se produire.

Un poste de trente hommes était déjà placé à la barricade du village de Pretin pour garder les approches du fort du côté de l'Ouest et deux autres fractions, de vingt hommes chacune, étaient détachées depuis la veille aux bas des pentes dans la direction du faubourg Saint-Pierre.

De son côté, Belin a envoyé trente hommes du 53⁰ de ligne pour se joindre à la compagnie du 84ᵉ, aux mobilisés et à la garde nationale qui doivent défendre l'entrée de Salins ; mais par suite des nombreuses défections des jours précédents, l'effectif de tous ces détachements atteint à peine six cents hommes.

Ces troupes s'éparpillent en un vaste demi-cercle sur les hauteurs dominant les routes qui convergent vers l'entrée de Salins, au Nord. De mon côté, je suis désigné pour la garde du rempart et, après avoir disposé ma compagnie derrière les parapets, je remonte sur le Cavalier, où l'unique pièce rayée de 12, qui peut tirer sur l'ennemi, allonge sa gueule de bronze.

J'observe avec ma jumelle, à travers la brume du matin, une longue colonne de couleur sombre, qui couvre toute la route depuis Mouchard jusqu'à l'entrée des gorges d'Arelle où sa tête commence seulement à poindre. Tout à coup mon attention est attirée par des points noirs, espacés régulièrement, qui viennent d'apparaître sur le mamelon de Bagney, à trois mille cinq cents mètres dans le Nord-Ouest, lorsqu'un flocon de fumée blanche suivi d'un éclair vient me fixer sur leur nature, et un obus passe en ronflant au-dessus de nos têtes.

C'est le bombardement qui commence, mais la précision des pièces est loin à cette époque, de celle d'aujourd'hui et les coups, trop haut d'abord, viennent frapper ensuite l'escarpe, sans atteindre les servants de la pièce rayée de 12, des mobiles du Jura abrités derrière l'épaulement.

C'est la première fois qu'ils entendent siffler les projectiles, ils perdent la tête et, dans leur émotion, introduisent l'obus dans l'âme par la pointe. Le garde d'artillerie Clerval court chercher au magasin une sorte de gros tire-bouchon et réussit au bout d'un certain temps à retirer le projectile récalcitrant et à le remettre dans la bonne direction.

Pendant cette opération qui me paraît interminable, je reste debout sur la plongée exposé aux coups de l'ennemi, alors que les gerbes d'éclats et de pierre et de fonte retombent autour de moi ; mais je n'en continue pas moins à observer dans ma jumelle les effets du tir de l'ennemi.

Il n'y a rien de tel que de donner l'exemple et les braves moblots qui s'effaraient tout à l'heure derrière leur parapet où ils jouissaient pourtant d'une sécurité relative, se ressaisissent promptement. Ils achèvent de pointer la pièce et le premier coup de canon part avec un bruit formidable.

Le projectile tombe à trois ou quatre cents mètres au-delà de la batterie prussienne. Un second arrive en plein sur la Grange Jolibois, beaucoup trop près. Cette maladresse m'exaspère et je bondis à côté du pointeur, puis, connaissant la distance exacte par le plan des abords de la Place que m'a confié le commandant Fouleux, je pointe moi-même après avoir donné la hausse et la dérive convenables :

— Pièce ! feu !

Nous entendons le froufroutement de l'obus qui va porter notre réponse aux canonniers poméraniens. Je suis avidement des yeux son vol puissant ; et tout à coup, je le vois éclater dans la ligne ennemie. Je tire encore quelques coups et voici les avant-trains qui arrivent au galop et disparaissent avec sept pièces seulement.

Il ne reste plus là-bas qu'un point noir; c'est un canon foudroyé qui gît lamentablement sur le côté, et ne sera enlevé qu'à la nuit, ainsi que nous l'apprendrons plus tard.

Une fois dans ma vie, j'aurai donc été artilleur! « Vive les zouaves! qui sont du bois dont on fait des flûtes! »

Pendant ce duel d'artillerie, l'avant-garde du 2e corps prussien (six bataillons, deux batteries, deux escadrons et une compagnie de pionniers), commandée par le général Von Roblinski, pénètre dans la gorge d'Arelle où la route, fortement encaissée, n'est plus visible du fort Saint-André. Je laisse les canonniers de la pièce rayée de 12, continuer leur tir sur la queue de cette colonne et me prépare à devenir bombardier. Je prends le commandement de la batterie de mortiers et bientôt tout est prêt; les trois mortiers de 22 centimètres et un petit mortier de 15 sont pointés sur les trois moulins qui précèdent le faubourg Saint-Pierre.

Les servants attendent mon commandement, le cordeau de tirage en mains.

Voici la pointe d'avant-garde qui débouche du défilé, c'est le moment de leur envoyer des pruneaux et je commande : « Premier mortier ! Feu ! »

J'aperçois l'énorme projectile qui monte là-haut dans le ciel et, infléchissant ensuite sa trajectoire, vient retomber sur la pente du défilé. Je le vois qui rebondit et roule vers la route, puis je perçois une sourde détonation. Elle doit être bonne la besogne faite, dans cette gorge étroite encombrée de troupes !

Au tour des autres, maintenant ! Mais voilà ce diable de petit mortier de 15 qui fait des siennes; il est trop léger pour supporter la charge maxima qu'on y a introduite à cause de la grande distance qui nous sépare de l'ennemi, et au premier coup, il se cabre dans un bond formidable et manque d'écraser les canonniers. Nous l'utiliserons tout à l'heure quand il faudra tirer plus près; en attendant, je continue à faire pleuvoir les bombes sur l'entrée des gorges.

Les Prussiens ont raconté plus tard, à Aigle-pierre, où ils furent cantonnés pendant le blocus, qu'une de nos bombes de 22 était tombée en plein dans une compagnie arrêtée en formation sur la route et avait mis hors de combat vingt-trois hommes et six chevaux.

Tout à coup, le fort est secoué comme par un tremblement de terre; ce sont les canons obusiers de 12, servis par l'artillerie sédentaire et les mobiles, sous la direction du capitaine Méraux et du lieutenant Dubois, qui, à leur tour, entrent en action, et malgré le brouillard, criblent d'obus les colonnes prussiennes.

Le spectacle est unique : c'est une prodigieuse résurrection du passé! Quelle aubaine pour un militaire de pouvoir, à la fin du XIXe siècle, étudier l'effet de ces projectiles sphériques qui ont joué un si grand rôle dans les guerres de jadis! En atteignant le sol, ils rebondissent, changent de direction au moindre obstacle; par moment ils semblent avoir perdu leur force et paraissent presque immobiles; puis sous le heurt d'un caillou, leur axe de rotation étant renversé, ils partent soudain comme une flèche en cassant bras et jambes sur leur trajectoire.

De son côté, le fort Belin s'est mis de la partie avec son unique pièce rayée de 12 ; et comme il a vue sur le défilé, ses obus doivent faire un mal énorme aux Allemands qui ne peuvent riposter !

Ceux-ci ont renoncé à mettre leurs pièces en batterie à cause de la trop grande différence de niveau entre la plaine et les forts. Pour la première fois peut-être, depuis le commencement de la guerre, ils sont privés du puissant appui matériel et moral de leur redoutable artillerie, et l'énergie de leur offensive s'en ressent visiblement.

Elle manque de mordant. Prudemment et avec des précautions infinies, ils gagnent très lentement du terrain, dans les moments où l'opacité du brouillard interrompt le feu des forts.

Leurs tirailleurs progressent homme par homme, par le mouvement d' « assembler en avant », en usage à cette époque dans l'armée autrichienne. Quand une compagnie a ainsi

« filtré » peu à peu et s'est reconstituée à l'abri d'une maison, elle recommence la même opération pour gagner de nouveau une centaine de mètres.

Déployés au débouché de la gorge d'Arelle, ils commencent maintenant à étendre leurs ailes pour envelopper le demi-cercle formé par les défenseurs de la ville.

A cette vue, les mobilisés sont pris d'une folle panique; c'est en vain que le brave commandant Dayet, oubliant son grade, a pris un fusil et essaie des les ramener au feu. Insensibles à ses exhortations, ils s'enfuient pour la plupart vers Salins où ils sèment l'épouvante.

Ils jettent honteusement leurs armes au pied de la statue de l'héroïque général Cler et se dispersent pour regagner leurs foyers. De leur côté, bon nombre de gardes nationaux, petit à petit, prudemment et sans bruit, rentrent dans leurs maisons, de telle sorte que vers midi, il ne reste plus qu'une poignée d'hommes pour continuer la lutte : cinquante soldats du 84e, une centaine de gardes nationaux et une vingtaine de zouaves.

Ces braves gens tiennent bon jusqu'à deux heures et quelques-uns sont tout simplement héroïques, tel le garde national Mansaud, qui est accompagné de son fils. Cet enfant de quatorze ans lui passe les cartouches une à une au plus fort de la fusillade, et tous deux ne se retirent que lorsque la retraite est ordonnée par le commandant des mobilisés !

Je donne à ce moment l'ordre de cesser le feu pour ne pas allumer l'incendie dans cette malheureuse ville et, quittant la batterie des mortiers, je rejoins ma compagnie sur le rempart, où mes hommes tirent avec rage sur les Prussiens, toutes les fois qu'ils franchissent les espaces libres entre les maisons du faubourg.

Une ligne épaisse de tirailleurs s'avance à présent jusqu'à six cents mètres du fort, et fait pleuvoir sur nous une grêle de balles. Le mur en bahut du parapet n'abrite malheureusement les tireurs qu'à mi-corps ; aussi mes hommes disparaissent comme par enchantement et le feu se ralentit précisément au moment où il allait devenir le plus efficace. Je leur crie furieusement de se redresser, mais peine perdue !

Alors je m'assieds sur la crête du mur, les jambes pendant dans le vide, et j'allume une cigarette. A cette vue, voilà mes « lascars » qui ont honte de leur attitude et qui recommencent à tirer sans crainte du danger.

De leur côté, les tirailleurs prussiens me prennent naturellement pour cible, les balles s'écrasent autour de moi avec un bruit mat sur la pierre dure ; mais c'est comme au champ de tir, il suffit qu'on veuille mettre dans le noir pour le manquer. Cependant il ne faut pas tenter Dieu et lorsque j'estime que cet acte de folle témérité, mûrement réfléchi cette fois, a produit tout l'effet moral que j'en attendais, je saute derrière le parapet, heureux de m'en tirer sans une égratignure.

Les tirailleurs prussiens ont dépassé maintenant la porte Barberine et se forment en colonne d'assaut, malgré le feu meurtrier des derniers défenseurs. Ils arrivent à hauteur du cadavre d'un vieux zouave sur la veste duquel brillent les médailles de Crimée, d'Italie et du Mexique et qui gît sur le dos au milieu de la grand'rue. La plupart se retournent et le regardent avec curiosité, presque avec crainte, lorsqu'un commandement guttural retentit et les voici qui se précipitent comme un torrent à travers la ville, poussant des cris féroces, abattant à coups de fusil ou de baïonnette les vieillards, les femmes et les enfants que le démon de la curiosité a poussés sur les portes ou aux fenêtres.

C'est ainsi que furent tués le préposé à l'octroi Fumey, la nièce du curé de Saint-Maurice, égorgée sur le seuil de la porte du presbytère, pendant que ce vénérable prêtre était lui-même renversé d'un coup de crosse à la tête; Sornay, un vieillard, qu'ils lardèrent de coups de baïonnette jusque dans sa chambre; l'épicier Reddet derrière son comptoir et sa femme dans l'arrière-boutique.

Immédiatement après la compagnie de tête, marche une musique militaire qui s'époumonne dans ces énormes instruments de cuivre chers aux Allemands.

Une rage me prend et, saisissant un fusil des mains d'un zouave, je vise longuement le chef de la « Régiments Musik » qui agite frénétiquement son bâton pour précipiter la cadence de la

Wacht am Rhein. Pan ! le coup part et je le manque, mais la balle, qui a porté un peu à gauche, a tué raide le porteur d'une gigantesque contrebasse. Le malheureux s'affaisse sur son instrument auquel il est étroitement lié par de larges courroies, et reste ainsi suspendu dans l'espace par le large pavillon qui est venu s'appliquer sur le sol. Le spectacle est tragique et cependant mes zouaves partent d'un éclat de rire.

La colonne d'assaut a disparu dans la grand'-rue et peu après le maire de Salins rend la ville au général Von Hartmann, commandant la 1re division. La scène qui se passe est inénarrable. Exaspéré de la résistance, l'arrogant personnage lui crie d'une voix tremblante de colère :

— Ce n'est pas la ville, ce sont les forts que je veux, ou sinon, je brûle Salins, comme j'ai brûlé Mouchard !

Cette brute, jurant, sacrant, arpente la grande salle de la mairie, et de temps en temps des exclamations irritées sortent de sa gorge contractée par la fureur :

— « Donnerweter ! Ounferseunliche Krieg ! Rache ! Fervunschung ! » (Tonnerre ! Implacable guerre ! Vengeance ! Malédiction !)

Et comme le maire atterré lui répond qu'il n'a pas qualité pour traiter de leur reddition et que c'est l'affaire des militaires chargés de les défendre, il sort furibond, donne l'ordre d'arborer le drapeau blanc et nous dépêche un parlementaire.

Le feu cesse aussitôt de part et d'autre.

Il est trois heures et demie. Les Prussiens, à dix contre un, ont donc mis presque toute la journée pour avoir raison de la poignée d'hommes qui défendaient une ville ouverte ; mais habitués à nous écraser de loin avec leur formidable artillerie, ils ont dû marcher ici sans son appui, et leur manque d'énergie dans cette circonstance, unique dans l'histoire de la guerre de 1870, est bien fait pour inspirer confiance à l'armée actuelle.

Nous sommes à deux de jeu maintenant ; et si nos races viennent encore à s'entrechoquer, nous verrons bien qui l'emportera de l'alerte Gaulois ou du lourd Teuton !

Le parlementaire accompagné des délégués de la municipalité est introduit dans la salle du Conseil de défense. C'est un officier bavarois détaché probablement à l'état-major. Revêtu d'une grande capote, sac au dos, bidon au côté, on le prendrait pour un simple soldat sans la longue dragonne d'argent nouée autour de son sabre.

Sa mission est brève : « Si les forts ne se rendent pas dans un délai de deux heures, les Prussiens brûleront la ville !

A cette insolente menace, une expression de colère et de rage apparaît sur le visage des officiers témoins de cette scène odieuse, et je regarde anxieusement le commandant Fouleux, dont l'indécision nous avait alarmés les jours précédents à un tel point qu'il avait été convenu entre officiers de zouaves, de nous saisir de sa personne s'il proposait de capituler. Il jette sur nous un coup d'œil rapide, et d'une voix hautaine répond au parlementaire :

— Les forts ne se rendront pas. Si vous mettez votre menace à exécution vous ajouterez une lâcheté de plus à toutes celles que vous avez commises dans cette guerre !

Les délégués de la municipalité qui escomptaient sa faiblesse sont terrifiés, et au nom de l'humanité, supplient le commandant supérieur de revenir sur sa décision, mais en vain; celui-ci pour mettre fin à cette scène pénible congédie aussitôt l'officier qui, après avoir salué gravement, se fait bander les yeux et sort d'un pas raide.

Une tentative analogue de la municipalité avait lieu au même instant auprès du commandant du fort Belin, mais ce brave officier, ancien lieutenant d'artillerie, fit à ses envoyés cette belle et fière réponse :

— En entreprenant cette démarche, vous faites ce que vous dicte votre conscience d'administrateurs ; mais l'honneur militaire et mon patriotisme m'imposent d'autres devoirs. Allez dire au commandant des forces allemandes que le capitaine Joseph Brichard, citoyen de Salins, ne rendra pas le fort qui lui a été confié et qu'il place sous sa sauvegarde l'honneur de sa maison et la sûreté de sa famille qu'il a laissée dans cette ville.

Dès que le parlementaire a disparu derrière

les premières maisons, nous reprenons le feu ; et les huit mille Prussiens qui encombrent cette localité n'osent pas déboucher du côté Sud, par crainte de l'artillerie des forts qu'ils savent puissamment armés du côté de la Suisse.

Ils contemplent avec effroi leurs redoutables murailles qui se dressent presque à pic au-dessus de leurs têtes ; ils leur montrent le poing et dans leur fureur les appellent « Forts de carton ! »

Cependant la nuit tombe et bientôt le silence règne en maître dans cette gorge profonde où les échos des montagnes avaient répercuté tant de détonations.

. . . .

Le 2 7/1 janvier, au lever du jour, nous sommes sur les remparts à notre poste de combat, mais un épais brouillard environne les forts et s'interpose, comme un voile impénétrable, entre la montagne et la plaine.

Une sourde rumeur monte des profondeurs de l'abîme qui s'étend à nos pieds, et peu à peu le grondement se fait plus distinct.

Un grand bruit de chevaux, de sabres et de canons nous arrive subitement de la route d'Aiglepierre ; les longues volutes du brouillard soulevées par la brise révélatrice ondulent mollement comme les flots d'une mer vaporeuse, puis roulent lentement les unes sur les autres, et soudain, dans une éclaircie, nous apercevons la longue colonne des Prussiens qui battent précipitamment en retraite vers le nord. Ils défilent à quinze cents mètres seulement des forts qui s'illuminent aussitôt d'éclairs.

Afin de préserver leur artillerie, ils ont intercalé chaque pièce entre deux voitures d'ambulance sur lesquelles ils ont arboré le drapeau de la convention de Genève, mais le stratagème n'a pas le succès qu'ils en attendent. Leurs deux batteries sont obligées de partir à toute allure, laissant sur place de nombreux cadavres de chevaux et un canon démonté. Sans ce maudit brouillard qui interrompt encore le tir à ce moment-là elles seraient en grande partie détruites.

Sur le front Sud-Ouest, vers dix heures du matin, mon camarade Ferriol, qui commande l'ouvrage de demi-lune, est sur le point de faire ouvrir le feu par la pièce rayée de 12 du saillant sur un bataillon descendant du plateau d'Ivory, lorsqu'on lui crie du haut des remparts :

— Ne tirez pas, ce sont des mobiles !

Et pourtant ce sont des Prussiens ! Le commandant du fort Belin, qui les voit mieux que nous, étant plus rapproché, les prend à son tour pour des chasseurs à pied ! Ils cheminent dans un désordre voulu, marchant à la débandade, cachant leur casque sous leur capote et coiffés de leur feldmütze.

A cette distance et avec le brouillard on peut s'y tromper, mais à l'entrée du faubourg Chantave, cette colonne tourne brusquement à droite et prend la route de Champagnole encombrée de femmes et d'enfants qui s'enfuient de Salins.

Le tour est bien joué, et nous assistons impuissants à leur retraite dans la crainte de faire de nouvelles victimes parmi cette population si éprouvée.

Ce fut le dernier épisode de la défense de Salins, où nous allons rester bloqués par les troupes d'investissement jusqu'à la conclusion de la paix.

Cette petite place a ainsi rempli son rôle, qui, dans la circonstance, consistait à empêcher le

2ᵉ corps prussien d'arriver par la ligne la plus courte sur Pontarlier. Il fut obligé de rétrograder sur Arbois et perdit ainsi deux jours qui ne furent malheureusement pas mis à profit par notre armée pour s'écouler vers le Sud.

Les pertes des Allemands furent cruelles. Leur grand état-major accuse seulement trois officiers et cent neuf hommes, mais ce chiffre est manifestement erroné, j'en ai la certitude, parce qu'étant descendu, pendant le blocus, à l'hôpital, afin d'y visiter les malades et les blessés de ma compagnie, je le trouvai encombré de plusieurs centaines de blessés prussiens, qui gisaient sur de la paille et se mouraient de la petite vérole. Plus tard, lorsque je fus envoyé en parlementaire auprès du général de Manteuffel à Pontarlier, les officiers du grand état-major me complimentèrent sur notre belle résistance et m'avouèrent que, faute d'artillerie, ils avaient perdu presque un millier d'hommes devant cette bicoque, c'est-à-dire plus de monde que dans certaines batailles de l'armée de la Loire.

XXII

EN PARLEMENTAIRE

Après l'évacuation de la ville par les troupes prussiennes, les forts Saint-André et Belin furent étroitement bloqués jusqu'au jour où l'armistice signé à Versailles entre Jules Favre et Bismark eût été étendu à l'armée de l'Est.

Une zone neutre fut délimitée entre les avancées de la place et les avant-postes allemands établis tout autour de nous à Mouchard, La Chapelle, Lemuy, Pont-d'Hiry, Mesnay et les Arsures. Détail curieux, si grande était dans l'armée de Manteuffel la conviction que Salins avait capitulé qu'à chaque instant des cavaliers porteurs de dépêches et des détachements isolés venaient se faire prendre dans cette souricière ou se hâtaient de faire demi-tour sous les obus chargés de leur administrer la preuve de leur erreur.

C'est ainsi que le 5 février un petit convoi d'effets et de vivres adressé au colonel Von Nachtigal, commandant l'artillerie des troupes d'investissement à Marnoz, est enlevé sans coup férir aù pied de Belin par un détachement devant lequel s'enfuient les hulans d'escorte. Vérification faite du contenu des caisses chargées sur les deux premières voitures, il y a environ un millier de pantalons de troupe et, sur la troisième, quantité de provisions de bouche que la sollicitude conjugale de la Haute bien née, madame la comtesse de Nachtigal a expédiées d'Allemagne à son tendre époux : jambons, saucisses, delicatessen, et, joyau de cette précieuse collection : une caisse de vingt-quatre bouteilles de vieux Tokay.

Le lendemain dès l'aurore, drapeau blanc, appels de trompette. C'est le lieutenant Von Didier qui a reçu la mission particulièrement délicate de négocier l'échange des effets et surtout des précieuses victuailles.

Tout ce qu'il y a de plus parisien du boulevard, Herr Von Didier, descendant d'une famille de protestants réfugiés en Prusse après la révocation de l'édit de Nantes ! Il a fait une grande partie de ses études à Paris, parle l'argot comme un faubourien, le français mieux que nous, et tout comme M. Victor Hugo, il excelle aux petits jeux, alors très à la mode, des charades et des combles.

Nous avons vite fait de nous entendre pour les pantalons bleus qui seront échangés contre autant de pantalons rouges. Il est convenu que ceux en surnombre nous seront payés à raison de dix-huit francs ; quant aux gâteries de madame de Nachtigal, c'est une autre paire de manches, et je le conduis devant les vingt-quatre fioles vides du fameux cru ; puis, parodiant un vers célèbre :

— Du plus grand des vins fins, voici tout ce qu'il reste.

Sa mine s'allonge, mais il part aussitôt d'un éclat de rire, en songeant à la tête de son colonel, qu'il n'a pas l'air de porter dans son cœur, et sur le nom duquel il trouve moyen de faire, pendant notre entretien, une demi-douzaine de calembours.

La charcuterie évaporée aussi. Les zouaves n'en ont fait qu'une bouchée et il ne reste plus que la caisse des « delicatessen » que nous avons goûtées, mais dont personne n'a voulu, même les soldats, tant nos estomacs sont réfractaires à cette alliance de sucre et de graisse, chère aux palais teutons ; aussi, en manière de plaisanterie, je lui en fais solennellement la remise.

— Faute de grives on mange des merles, conclut-il en souriant; et il prend congé de nous, escorté par douze hommes qui portent le précieux colis jusqu'à sa voiture arrêtée à à l'entrée du fort.

Pendant le blocus, j'ai été envoyé trois fois en parlementaire et je ne crois pas qu'il y ait, à la guerre, service plus intéressant et plus profitable à l'instruction d'un jeune officier qui a de bons yeux, l'oreille fine et l'esprit d'observation.

C'est le 30 janvier que je reçois ma première mission. A quatre heures du soir, je me présente, accompagné de mon clairon, porteur d'un drapeau blanc, aux avant-postes prussiens établis sur la route de Mouchard, dans le but de régler les conventions de détail spéciales à la Place pour l'application des dispositions d'ordre général de l'armistice.

Après les trois appels d'usage, un sous-officier s'avance, escorté de deux hommes prêts à faire feu, et après m'avoir bandé les yeux avec un mouchoir sale m'invite à me laisser conduire par les deux lourds Poméraniens qui me tiennent aux bras.

On arrête mon clairon au petit poste placé à l'entrée d'un tunnel sous lequel s'engage la voie ferrée.

Nous continuons à marcher une demi-heure au moins, mais il me semble qu'on me fait faire beaucoup plus de chemin qu'il n'est nécessaire, sans doute pour que je ne puisse connaître plus tard, à l'examen de la carte, la localité où l'on me conduit.

Enfin, je perçois un dialogue bref, une voix

impérative donne un ordre et on m'arrête, au moment où je trébuche sur une marche d'escalier. Mon bandeau tombé, je suis en présence du colonel Von Pannewitz, commandant les troupes d'investissement, qui m'annonce son nom et son titre. Je décline les miens et nous prenons place autour d'une table recouverte d'une grande carte. Au bout d'une heure de pourparlers, nous arrêtons et nous signons en double expédition un projet de convention qui ne sera exécuté qu'après approbation du général Von Hartmann et du commandant Fouleux.

Mon hôte me déclare qu'il ne me laissera repartir qu'à neuf heures du soir. Impossible de refuser! Je le suis au premier étage où il me présente à son entourage.

Ces guerriers ont une mine superbe qui contraste avec mon aspect misérable. Ils sont tous gras, joufflus et recouverts de brillants uniformes, alors que je suis maigre, hâve et déguenillé et je ne l'emporte sur eux que par un appétit féroce qui fait leur admiration.

Ce sont des vainqueurs, je suis un vaincu, et

la différence qu'il y a entre nos situations matérielles respectives est aussi profonde que l'abîme existant entre ces deux mots. Ils couchent dans de bons lits, ils font d'excellents repas, ils sont habillés confortablement parce qu'ils sont victorieux, et si je suis épuisé de fatigues et de privations, vêtu de loques rapiécées, c'est que j'appartiens à une armée battue, mais je ne suis pas assez naïf pour m'en étonner.

N'est-ce pas le brenn gaulois qui, le premier dans l'histoire, a jeté l'anathème aux vaincus?

A charge de revanche! En attendant, je la prends sur l'excellent dîner du colonel qu'il arrose d'innombrables bouteilles d'un champagne qui n'a pas dû lui coûter cher. Il arrive, en effet, de Reims où il a laissé un renom fâcheusement célèbre en faisant monter sur les locomotives les notables de la ville, dans le but de prévenir les tentatives de déraillement.

Un à un, les convives roulent ou s'affaissent lourdement sous la table; et, au bout de quelque temps, comme je porte gaillardement la toile, je reste seul avec mon hôte.

Je prévois, même, à certains signes, qu'il ne tardera pas à y rejoindre ses subordonnés. Il me fait d'une voix pâteuse des confidences singulièrement compromettantes et me raconte en larmoyant qu'il a combattu en 1866, contre les Prussiens à Largensalza. A l'entendre, toute l'armée hanovrienne aurait fait défection si nous avions gagné la première bataille; puis, sentant son équilibre de plus en plus compromis, il se dresse tout à coup et pousse un cri de « Recht euch » qui fait sursauter les dormeurs assoupis sous les plis de la nappe.

Oh! puissance de la discipline! Tous ces ivrognes se relèvent péniblement, un à un, en s'aidant des dossiers des chaises, rajustent leur ceinturon, assujettissent leur « Pickelhauben » et prennent la position rigide qui caractérise l'attitude du subordonné allemand devant son supérieur?

Nous descendons l'escalier étroit, où deux d'entre eux trébuchent et dégringolent avec un fracas de sabre rebondissant de marche en marche.

Au dehors, l'obscurité est profonde, on n'y

voit goutte et les Prussiens ne jugent pas à propos de me bander les yeux de nouveau; au contraire même, car en arrivant devant la compagnie de grand'garde, le colonel, qui tient décidément à me faire honneur, donne le signal d'alarme.

Tous ces gens sont vautrés dans le foin et dorment profondément, mais au cri du factionnaire aux faisceaux, les voici, qui, sans bruit, sans conversation, sans une ombre de désordre, se forment en moins d'une minute sur deux rangs, s'alignent comme à la parade, et portent les armes au moment où je défile devant le front.

Je suis confondu par cette manifestation de la force redoutable qui émane d'une pareille discipline. Chez nous, c'eût été un concert de jurons et de récriminations bruyantes des hommes entre eux, d'apostrophes de la part des chefs pour presser le mouvement et, finalement, on eut mis au moins le double de temps à effectuer cette alerte inopinée.

Nous arrivons ensuite au petit poste où le colonel Von Pannewitz me congédie, après m'avoir rendu mon clairon et prescrit de m'escorter jusqu'au delà de la ligne des sentinelles.

Deux jours après, un habitant de Salins qui avait pu traverser les lignes prussiennes rapporte un imprimé signé Jules Favre, qui annonce la conclusion d'un armistice de vingt et un jours et la convocation d'une assemblée constituante à Bordeaux. Je suis encore désigné pour aller négocier au grand état-major prussien les clauses d'un modus vivendi à arrêter, d'un commun accord, jusqu'à la signature de la paix et je pars en traîneau le 2 février à destination de Pontarlier.

Je rencontre dans la forêt de Leviers l'immense convoi des parcs d'armée qui couvre presque quinze kilomètres de route et attend là de nouveaux ordres, sans être protégé par aucune fraction constituée. Une seule compagnie commandée par un chef audacieux et énergique pourrait faire sauter les munitions, tuer les attelages et infliger un véritable désastre à l'armée de Manteuffel. Hélas! personne de notre côté ne tient plus la campagne, et, à mon retour à Salins, il sera trop tard pour tenter, comme j'en ai caressé l'espoir, un coup de main aussi fructueux.

A Leviers, je suis conduit à la « Commandatur » où un major me reçoit d'une manière qui me deplaît souverainement... Cet insolent personnage est vautré dans un fauteuil et a posé ses bottes sur l'appui de la cheminée.

Il ne daigne même pas se redresser lorsque je pénètre dans la chambre et me pose quelques questions qui ne font qu'augmenter mon exaspération.

— Je daignerai vous répondre, lui dis-je, quand j'aurai devant moi le commandant d'armes de Leviers et non le personnage mal élevé qui met ses bottes où on met d'habitude ses mains.

Il se lève aussitôt, la rougeur au front, et, d'un ton presque obséquieux, me donne immédiatement les indications nécessaires à l'accomplissement de ma mission ; puis, après m'avoir signé un sauf-conduit et fourni deux hulans d'escorte, il me congédie avec toutes sortes de salamalecs.

Mes deux cavaliers ont soin avant de partir

de réquisitionner dans une épicerie une meule de gruyère d'au moins douze kilos. Ils la partagent en quatre morceaux de grandeur égale, en introduisent un dans leur musette où il entre à grand'peine, et tout en trottant, se mettent en devoir d'absorber le second.

En arrivant à l'étape, celui-ci a disparu depuis longtemps dans les profondeurs de leur estomac et ils sont en train d'achever le premier quand nous arrivons aux premières maisons de la ville.

Je défile tout au long du IIIe corps d'armée, qui s'achemine vers Pontarlier au milieu d'un paysage désolé.

Les arbres qui bordent la route sont dépouillés de leur écorce rongée par les malheureux chevaux de notre armée en déroute. Leurs cadavres gisent innombrables et sont comme desséchés par l'horrible faim à laquelle ils ont succombé. Çà et là, des voitures brisées, des caissons abandonnés faute d'attelages, gisent sur le côté de la route, et de temps en temps, j'aperçois au revers d'un talus une forme humaine recouverte d'un manteau de neige. C'est un de nos pauvres soldats qui, à bout de forces, a dû s'arrêter là et que la mort a surpris dans l'engourdissement consécutif au repos.

Les régiments dont je longe le flanc au galop de mon rapide attelage ont une allure différente de celle des géants taciturnes du corps poméranien. Les hommes sont de taille moyenne, plutôt petits. Ils ont l'air jovial, du moins si j'en juge par les plaisanteries qui accueillent les culottes bouffantes de mon clairon de zouaves.

A un certain moment, par suite d'un embarras de voitures, nous sommes obligés de marcher quelques instants au pas. Un loustic empoigne à deux mains le dossier du traîneau et se laisse emporter sur la neige. Je lui intime l'ordre de le lâcher, il me répond par une grossièreté; alors, j'arrache au conducteur son fouet à manche court et, d'un coup vigoureux, je cingle la figure de l'insolent qui pousse un hurlement de douleur, charge son fusil, et au moment où il me met en joue, reçoit un formidable coup de sabre du Herr Hauptmann accouru au galop. De mon côté, j'ai crié au cocher d'arrêter et je suis aussitôt entouré d'un groupe d'officiers qui m'apostrophent furieusement. Je riposte de même et je ne sais pas trop ce qui se serait passé, si le colonel arrivé à son tour sur les lieux, ne m'avait, après interrogatoire minutieux, donné hautement raison et invité poliment à continuer mon chemin.

A Pontarlier, je suis conduit sans délai au grand état-major allemand. J'attends une heure dans une antichambre où je perçois des voix irritées dans la pièce voisine. Enfin, je suis introduit par un officier dans le cabinet du colonel de Wartensleben, chef d'état-major de l'armée de Manteuffel.

Ce haut personnage est en train de discuter, sur un ton très animé, avec le maire et le curé de la ville.

— Le commandant du fort de Joux a violé tous les usages de la guerre en faisant tirer sur mon parlementaire! Oui, messieurs, je serais dans mon droit strict en usant de représailles ; et tenez, dit-il, en me voyant apparaître, je ne sais ce qui me retient de faire fusiller ce capitaine de zouaves venu en mission des forts de Salins !

Le maire est consterné et ne souffle mot. Pour moi, ma résolution est prise... D'un coup de mon revolver je tuerai l'impudent colonel et, avec les cinq autres, et ma grande latte triangulaire, c'est bien le diable si je n'envoie pas un certain nombre d'Allemands me préparer là-haut mon billet de logement.

Le prêtre, jusque-là silencieux, prend tout à coup la parole :

— Vous ne mettrez pas votre menace à exécution, monsieur le colonel, dit-il d'une voix ferme, parce que vous savez parfaitement bien que si les défenseurs du fort du Lormont ont tiré dans cette circonstance, c'était pour empêcher vos tirailleurs d'approcher en se couvrant perfidement de l'inviolabilité de votre parlementaire.

» Votre colère est donc feinte et n'a pour but que de nous faire plier devant des exigences qui dépassent les ressources de notre petite ville. En vous apportant la lourde contribution dont vous venez de la frapper, nous avons conscience d'avoir fait l'effort maximum dont elle est capable. Nous demander plus serait parfaitement inutile et même impolitique de votre part, car vous nous avez saignés à blanc.

Ce langage plein de dignité fait sans doute réfléchir le chef d'état-major général, car il congédie, quelques instants après, le maire et le curé et prend aussitôt connaissance de mes instructions. Il se fait apporter une carte des environs de Salins et après un examen attentif :

— Capitaine, vous voyez ce plateau d'Ivory. Dans quarante-huit heures, il sera couvert de nombreuses batteries, et si le commandant des forts n'accepte pas de nous laisser communiquer librement à travers la ville de Salins, le bombardement recommencera aussitôt! Regardez! votre artillerie est complètement dominée de ce côté et sera vite réduite au silence :

— C'est exact, lui dis-je, mais après?

— Après, nous ferons brèche et nous donnerons l'assaut.

— C'est là mon colonel, que je vous attends. Vous ignorez probablement que l'escarpe du fort Saint-André est taillée dans la pierre dure et que vous ne ferez pas brèche aussi facilement que sur un revêtement; puis, que tout un bataillon de zouaves est parfaitement abrité dans les casernements creusés dans le rocher. Nous ferons surveiller les remparts par quelques hommes et nous les garnirons en un clin d'œil au moment de l'assaut. Si, dans ces conditions, vous donnez suite à votre projet, je vous promets que vous serez bien reçus !

Mes arguments paraissent ébranler sa belle assurance et, finalement, aprèe avoir discuté quelques instants, il me congédie après m'avoir remis la lettre suivante qui trahit visiblement le revirement subit de ses intentions belliqueuses et dont je ne reproduis que la partie essentielle :

A monsieur le commandant des forts de Salins.

« Si vous désirez que l'armistice fut (*sic*) étendu à la ville de Salins, vous auriez des propositions à faire à ce sujet, dans lequel cas il devrait être stipulé de laisser libres, pour les deux partis, les communications à travers la ville, sans que, pour cela nous puissions avoir, de notre côté, pour prétention d'occuper, soit la ville même, soit les forts.

Si vous aviez à faire des propositions de ce genre, vous voudriez bien envoyer un de vos officiers avec pleins pouvoirs à mon quartier général.

« Avec la considération la plus distinguée,

« Von Wartensleben. »

Ma mission est terminée.

Après avoir dîné à la table du grand état-major où je suis l'objet de la sympathie mêlée de curiosité des officiers distingués qui en font partie, et qui parlent tous le français, je suis reconduit jusqu'à l'hôtel qui m'a été désigné pour passer la nuit.

Le lendemain matin, je reprends le chemin de Salins que je n'atteindrai que très tard, parce qu'on me retient à la réserve des avant-postes des troupes d'investissement, pendant une grande partie de la journée. On ne me permet de continuer la route qu'à la nuit close, dans le but sans doute de m'empêcher d'en observer les dispositions.

Enfin, vers sept heures du soir, je franchis le pont-levis du fort Saint-André et remets au commandant Fouleux la réponse du colonel Won Wartensleben.

Le 17 février, je suis envoyé pour la troisième fois en mission à l'intérieur auprès du général commandant la place de Besançon pour recevoir les instructions relatives au ravitaillement et au cantonnement des troupes de la garnison de Belfort, dont une partie doit passer par Salins pour se retirer en Saône-et-Loire.

Je suis porteur du sauf-conduit reproduit ci-après[1].

---

1. Traduction du sauf-conduit :

IVe RÉGIMENT D'INFANTERIE BADOISE « PRINCE GUILLAUME »

2e *Bataillon.*

Le porteur de la présente, Capitaine Bruneau, du 1er Régiment de zouaves, a l'autorisation de passer de

1tes Bad. Infant. Regt. Prinz Wilhelm —
  2 tes Bataillon

Tagesbefehl. Die Infanterie Biwacks vom 1. Grenad-
Bataillons sind die Vorschriften von Seiten der
Benennung zu öffnen, um Vorschriften als die
Abgabe der Mannschaft zu treffen aus Beford, und
die übergebenen Abteilungen if dar Rückkehr
zur Cabins Verpstetzung.

Hauptquartier Ingelsheim den 7ten Februar 1849

Meyer und Oberstleut. Commandant

Mon voyage s'effectue cette fois sans incident et je rejoins mon poste le 18 février.

A partir de ce moment, notre séjour dans les forts de Salins devient d'une monotonie désespérante, et c'est avec joie que nous apprenons la conclusion de la paix et la libération des engagés volontaires pour la durée de la guerre.

Tous ces braves gens nous font des adieux émouvants et partent aussitôt pour Bourg où ils seront acheminés sur leurs foyers.

Il ne nous reste plus maintenant que les survivants des anciens zouaves du 1er régiment. Quelle misère ! De ce beau bataillon qui comptait douze cents hommes au début de la guerre, il ne reste plus maintenant que trente quatre hommes et ma compagnie est réduite à huit hommes, gradés compris.

Salins à Besançon pour y porter des dépêches relatives au départ des troupes françaises de Belfort. De même, le retour à Salins est accordé.

Aiglepierre, le 17 février 1871.

Held,
Major et Commandant de Bataillon.

XXIII

ÉPILOGUE

Le 14 mars, le petit groupe de vieux soldats que nous devons ramener en Algérie quitte à son tour le fort Saint-André et nous prenons la route de Lyon.

Notre itinéraire passe par Champagnole, Orgelet et Saint-Amour où nous serons embarqués en chemin de fer à destination de Toulon.

Nous faisons allègrement l'étape et, en arrivant au cantonnement, nous sommes prévenus que Champagnole est occupé par l'ennemi. Afin d'éviter les rixes nous nous décidons à pousser jusqu'à Ney, petite localité située à deux kilomètres plus loin. Nos deux clairons et notre unique tambour sonnant et battant la marche des zouaves, notre fanion de bataillon déployé, baïonnette au canon, nous pénétrons dans la grand'rue qui regorge de monde.

Nous défilons fièrement sous les bravos des habitants qui nous font une véritable ovation. Les femmes surtout nous accueillent avec enthousiasme et crient « Vive les zouaves! »

Quant aux Prussiens, ils sont consignés dans les maisons et, des fenêtres de tous les étages, ils nous contemplent avec une sympathique curiosité. Quelques-uns agitent leurs bérets et nous interpellent joyeusement :

— « Zuaven! Guten soldaten! « (Zouaves! Bons soldats!)

C'est que nous ne sommes pas des vaincus qu'on méprise, mais des victorieux qu'on respecte. Toute la philosophie de la guerre tient dans cette différence de traitement.

Le lendemain, nous arrivons à Orgelet après une très forte étape; et le 16 mars à Saint-Amour.

On nous empile dans des wagons à marchandises à destination de Bourg, d'où par les trains ordinaires de l'exploitation nous partons enfin pour Toulon.

A Valence, j'obtiens une permission de quatre jours, et je prends l'express afin d'aller passer quarante-huit heures à Périgueux où m'attend mon vieux père qui est sorti, lui aussi, sain et sauf du bombardement du fort de l'Est où il était commandant de place pendant le siège de Paris.

Le 22 mars, ignorant que la Commune est proclamée en ce moment à Marseille, je sommeille dans mon compartiment quand le train arrive en gare du Pas des Lanciers. Par un hasard extraordinaire, les gendarmes chargés de faire descendre là tous les militaires ne m'aperçoivent pas allongé sur ma banquette et par suite ne me préviennent pas que tous les isolés à destination d'Algérie doivent être acheminés de ce point sur Toulon par Aubagne. C'est ainsi qu'il m'arrive une dernière et singulière aventure en descendant du train.

Sur le quai de la gare je suis le point de mire de tous les regards. Qu'est-ce que tous ces gens-là ont donc à me regarder? Je me dirige vers la porte de sortie, un factionnaire débraillé m'arrête brutalement et, au même instant, je m'entends interpeller par un officier vêtu à peu près comme les mobilisés, mais chamarré des pieds jusqu'à la tête de broderies d'or et d'argent :

— Vous êtes libre de circuler dans Marseille, capitaine, mais sans armes!

— Pourquoi donc?

Il part d'un éclat de rire et m'explique en quelques mots la situation ; puis d'un air impérieux :

— Allons, faites vite, je n'ai pas le temps d'attendre !

— Est-ce que vous vous f... de moi. Je n'ai pas livré mon sabre aux Prussiens et vous voulez que je vous le rende à vous! Mais regardez-moi bien, est-ce que j'ai une tête à me laisser désarmer?

Il crie : « A la garde ! » et s'élance sur moi ; mais d'un coup de poing formidable entre les deux yeux, j'envoie le « doré sur tranches » rouler évanoui à quatre pas. Le factionnaire terrifié s'enfuit, mais une dizaine d'hommes accourent baïonnette au canon et je n'ai pas une minute à perdre si je veux sauver ma peau.

— L'express de Toulon va partir! Filez de l'autre côté, me murmure à l'oreille un employé. Le brave homme!

D'un coup d'œil j'embrasse la gare en fer à cheval bondée de trains qui vont jusqu'au heurtoir, je serai rejoint avant d'avoir fait le tour; alors, d'un bond, je suis à plat ventre sous un wagon et à quatre pattes je franchis, avec une rapidité décuplée par le danger, les obstacles qui me séparent du quai opposé, poursuivi par la meute des communards qui perd du terrain.

J'arrive tout essoufflé, et, d'un mot, je mets le chef de gare au courant de ce qui se passe. Le train ne doit partir que dans quelques minutes, mais l'excellent homme me fait monter dans le premier compartiment et donne un coup de sifflet. Le train s'ébranle, je suis sauvé!

Le surlendemain, je partais de Toulon avec les débris de mon bataillon et nous débarquions le 26 à Alger au milieu de l'affolement général. Les Kabyles venaient de franchir le Boudouaou et n'étaient plus qu'à vingt-quatre kilomètres de la capitale de l'Afrique française.

C'était une nouvelle conquête à refaire !

Elle ne fut achevée qu'à la fin de 1871.

Les débris du régiment de marche, venus de Salins ou rapatriés de Suisse, furent incorporés dans le 1er régiment de zouaves qui se reconstitua à la hâte avec les officiers et soldats rentrant de captivité.

Pendant neuf mois encore, des pics de la Kabylie aux sommets des Beni-Menasser et jusqu'aux confins du désert, ses bataillons luttèrent vaillamment contre les populations indigènes revoltées par l'imprudent décret Crémieux et ne s'arrêtèrent que lorsque l'insurrection eut été écrasée.

La situation redevenue normale, on procéda à la réorganisation sur de nouvelles bases du 1er de zouaves et on commença par en chasser les officiers du régiment de marche.

C'est ainsi que par décision de la commission de révision des grades, composée d'officiers ayant appartenu aux armées du Rhin et de Metz, aigris par une longue captivité, je redevins lieutenant après être resté plus d'un an capitaine et constamment en campagne.

Mes camarades Serviere, Ferriol et Thévenot, qui s'était héroïquement conduits pendant la guerre de province, furent remis lieutenants; Lebrun, sous-lieutenant; et mon sous-lieutenant Rodius, simple sergent!

Cette dernière mesure était d'une iniquité révoltante, car ce brave officier, sergent-major au 1er zouaves avant la guerre, s'était échappé après la capitulation de Sedan et réfugié à Montmédy, avait pris une part glorieuse au coup de main de la garnison sur Stenay où la « Commandatur » fut enlevée sans coup férir.

Après la capitulation de cette petite place, il s'était évadé encore, avait fait avec moi les dures campagnes de la Loire et de l'Est et y avait montré les qualités militaires les plus brillantes.

De désespoir, il opta pour la nationalité allemande et se retira en Alsace, dans son pays d'origine.

Ces mesures rigoureuses pouvaient se justifier dans une certaine mesure, mais auraient du être appliquées avec impartialité. Il n'en fut pas ainsi et tel qui avait gagné ses galons dans un camp d'instruction, fut maintenu dans sa situation, alors que d'autres ayant servi pendant toute la guerre et conquis leurs grades à la pointe de leur épée furent en butte à la jalousie et à la rancune de leurs anciens camarades et sabrés sans pitié.

Nous en fîmes la cruelle expérience !

Et maintenant que quarante années se sont écoulées depuis l'année sinistre, avons-nous su profiter des enseignements qu'elle comporte?

Certes, nous avons une admirable armée, et les majorités parlementaires n'ont jamais reculé devant les sacrifices que son entretien et son développement imposaient au pays qui fléchit cependant sous des charges comme n'en pourrait supporter aucune autre nation européenne. Mais souffrons-nous encore de l'amertume de la défaite? Avons-nous toujours ce désir généreux de revanche qui animait les générations meurtries par la main de fer du vainqueur!

Éprouvons-nous avec la même intensité la douleur atroce d'être séparés de nos frères d'Alsace et de Lorraine?

Hypnotisés par nos luttes intestines, avons-nous combattu, avec l'énergie nécessaire, ces fléaux destructeurs de notre race : la haine des classes, qui jette les citoyens les uns contre les autres et justifie le mot du philosophe antique, *homo homini lupus*; l'affaiblissement du patriotisme qui est tourné en dérision sous le vocable perfide de chauvinisme, et dernière venue, cette plaie gangréneuse de l'antimilitarisme qu'on affecte de mépriser et qui fait de jour en jour des progrès redoutables?

Au lecteur de répondre.

Il est temps cependant de nous ressaisir, le César allemand est là qui nous guette et suit, d'un œil attentif, les progrès du mal, prêt à en finir avec « l'insolente nation ».

Haut les cœurs donc! Faisons l'union de tous les braves gens qui veulent rester Français envers et malgré tout; de ceux qui reconstruisent contre ceux qui sapent; de ceux qui ont une âme contre ceux qui n'ont qu'un ventre; de ceux enfin qui sont prêts à mourir pour notre France bien-aimée, contre ceux qui dissimulent leur lâcheté sous les oripeaux de l'Internationalisme!

Vienne alors la lutte suprême où se jouera le

sort de deux races, et nous pourrons l'affronter sans crainte, car ce n'est pas avec des fusils, des canons, des dirigeables et des aéroplanes que l'on gagne les batailles, mais avec des cœurs battant du même noble amour pour cet idéal sacré : La **PATRIE**

FIN

TABLE

I.	LE 4 SEPTEMBRE 1870 A KOLÉA . .	1
II.	TRIBULATIONS D'UN CHEF DE DÉTACHEMENT.	16
III.	LE CAMP DE LA BOUE	28
IV.	LES AILES QUI TRAHISSENT	34
V.	MARCHES ET CONTREMARCHES . . .	44
VI.	COUPS DE FUSIL ET COUPS DE CANON.	63
VII.	EN GRAND'GARDE.	76
VIII.	LE SUPPLICE DU SOMMEIL.	86
IX.	COMME EN 1812 ! MARCHER OU MOURIR !.	95
X.	EN CHEMIN DE FER DE VIERZON A LA FRONTIÈRE SUISSE.	108
XI.	COMBAT D'ARCEY ET SAINTE-MARIE.	124
XII.	BAIONNETTE AU CANON !.	136
XIII.	L'HÉROIQUE CUISINIER.	145
XIV.	BATAILLE DE LA LISAINE. LA PREMIÈRE ATTAQUE DE BETHONCOURT	153

TABLE

XV.	— UNE PARTIE D'ÉCARTÉ SOUS LES OBUS.	166
XVI.	— DEUXIÈME ATTAQUE DE BETHONCOURT.	172
XVII.	— L'ANTICHAMBRE DE LA MORT.	193
XVIII.	— EN RETRAITE	209
XIX.	— MON BATAILLON DANS LES VIGNES DU SEIGNEUR	226
XX.	— TRENTE CONTRE TROIS MILLE	240
XXI.	— DÉFENSE DE SALINS.	261
XXII.	— EN PARLEMENTAIRE	288
XXIII.	— ÉPILOGUE	309

DERNIÈRES PUBLICATIONS

Format in-18 à 3 fr. 50 le volume

	Vol.		Vol
GABRIELE D'ANNUNZIO		**GYP**	
Le Martyre de Saint-Sébastien...	1	La Bonne Fortune de Toto...	1
BARBERY		**VICE-AMIRAL DE JONQUIÈRES**	
Les Résignées...	1	Poésies d'un Marin...	1
RENÉ BAZIN		**ANATOLE LE BRAZ**	
La Barrière...	1	Ames d'occident...	1
RENÉ BOYLESVE		**LOUIS LEFEBVRE**	
Le Meilleur Ami...	1	Le Seul Amour...	1
GUY CHANTEPLEURE		**PIERRE LOTI**	
Le Hasard et l'Amour...	1	Le Château de la Belle-au-Bois-Dormant...	1
GASTON CHÉRAU		**CAMILLE MAUCLAIR**	
La Prison de Verre...	1	Les Passionnés...	1
MARGUERITE COMERT		**LOUIS MERCIER**	
L'Appuyée...	1	Hélène Sorbiers...	1
COMTE DE COMMINGES		**FRANCIS DE MIOMANDRE**	
Godelieve, princesse de Bahr...	1	Au bon Soleil...	1
MAX DAIREAUX		**HENRI DE NOUSSANNE**	
Timon et Zozo...	1	Un Jeune Homme chaste...	1
LOUIS DELZONS		**CHARLES PETTIT**	
Le Cœur se trompe...	1	L'Anneau de Jade...	1
MARY FLORAN		**J.-H. ROSNY Jne**	
En Secret !...	1	La Toile d'Araignée...	1
ANATOLE FRANCE		**VALENTINE THOMSON**	
Les Sept Femmes de la Barbe-Bleue...	1	Chérubin et l'Amour...	1
HUMBERT DE GALLIER		**MARCELLE TINAYRE**	
Les Mœurs et la Vie privée d'autrefois...	1	La Douceur de Vivre...	1
JUDITH GAUTIER & PIERRE LOTI		**LÉON DE TINSEAU**	
La Fille du Ciel...	1	Le Finale de la Symphonie	1

www.ingramcontent.com/pod-product-compliance
Lightning Source LLC
Chambersburg PA
CBHW070619160426
43194CB00009B/1318